图 1　惠陵前景

图 2　惠陵五孔拱桥

图 1　惠陵望柱

图 2　惠陵神厨库

图 1　惠陵神道碑亭

图 2　惠陵神道碑亭梁架

图 1　惠陵隆恩门

图 2　惠陵西焚帛炉

图 1　惠陵隆恩殿

图 2　惠陵陵寝门

图 1　惠陵石五供、方城、明楼

图 2　惠陵哑巴院

图 1　惠陵五孔拱桥河道泊岸

图 2　惠陵妃园寝享殿

乾清宫

傀儡天子

同治帝陵卷

徐鑫 —— 著

中国国际广播出版社

图书在版编目（CIP）数据

傀儡天子：同治帝陵卷 / 徐鑫著. —北京：中国国际广播出版社，2022.6

（清朝帝陵文化系列）

ISBN 978-7-5078-5115-1

Ⅰ.①傀… Ⅱ.①徐… Ⅲ.①同治帝（1856–1875）－陵墓－介绍 Ⅳ.①K928.76

中国版本图书馆CIP数据核字（2022）第071525号

傀儡天子：同治帝陵卷

著　　者	徐　鑫	
责任编辑	聂俊珍	
校　　对	张　娜	
设　　计	王广福　姜馨蕾	

出版发行	中国国际广播出版社有限公司［010-89508207（传真）］
社　　址	北京市丰台区榴乡路88号石榴中心2号楼1701
	邮编：100079
印　　刷	环球东方（北京）印务有限公司

开　　本	710×1000　1/16
字　　数	200千字
印　　张	17.5
版　　次	2023 年 4 月 北京第一版
印　　次	2023 年 4 月 第一次印刷
定　　价	58.00 元

我所知道的"守墓人"

——记徐鑫先生的精神家园

岳南

近日,得知好友徐鑫先生新作"清朝帝陵文化系列"即将问世,为之高兴之余也颇为感慨,简单书写几句,以示读者。

我与徐鑫相识、相交已近二十载。那是 1999 年 11 月的一天夜晚,徐鑫在他的父亲,时任清东陵研究室主任、著名学者徐广源先生的陪伴下到北京看病,借此机会到我家做客。当时,我挽留父子二人促膝长谈,就共同的研究和写作体会进行交流。那时,徐鑫虽尚未开始写作,但言谈举止中已流露出对历史的无限挚爱和内在才华,让人有一种清新亮丽之感。于是,我鼓励他将单纯的爱好上升为研究层次并形成作品,以备出版奉献社会,徐鑫表示回去后潜心研究,争取早日拿出成果。

后来,在不断求医治病的过程中,徐鑫以新时代清陵"守墓人"的身份,从故纸堆里研究并从现实生活中见证了那段历史,逐渐理解和发现那些隐藏在红墙黄瓦里鲜为人知的秘密。于是,他用自己独特的视角和笔墨一层层地拨开历史迷雾,继承和书写了清陵这部砖、石、瓦、木写就的历史长卷。面对众多的"野史""穿越"等作品和传说,徐鑫在正史和清宫档案的基础上,用浑厚、沉稳的笔触,以深入浅出、

通俗易懂、冷静自然的叙述方式"驱邪斧正"，还清陵历史真面目。那份坚持、热情和执着，令人欣赏，更令人钦佩，日后取得的一连串成果也就顺理成章了。

我们所说或看到的坟墓或者陵墓，是指埋葬死者的地方，是人类社会发展和宗教信仰的必然产物，其根源在于灵魂观念和敬畏思想的产生。因此，坟墓是一种物质和非物质相结合下的意识形态载体。

中国漫长的封建社会，作为社会最高主宰的皇帝，其陵墓是特有的标志等级贵贱的产物，是当时的政治、经济、文化的缩影和晴雨表，是统治阶级将皇陵风水与皇权紧密连在一起，并企图融入"事死如事生""千秋万代繁昌不绝"等思想文化理念的综合体。在连绵不断的历史长河中，作为封建王朝权力顶端的帝王，往往在完成自己一代霸业或败业的同时，使用至高无上的皇权，营建自己死后居住的豪华居所，以便权力能从地上延续到地下，于是陵墓成为他们在另一个世界里的皇宫。因此，人世间的山水在另一个世界里也建立起了一座座封建帝王的"地府天堂"，也就是有些史书所称的"皇陵"。

中国历代帝王的皇陵，几乎遍布大江南北的青山绿野之中，不但占据了当时最好的湖光山色和绝佳的风水宝地，而且建筑规模都很宏伟壮观。斗转星移，岁月流逝，帝王的陵墓渐渐成为极具特色、清晰可见的鲜活历史，而建筑本身与陵墓中埋藏的文物，亦为当时政治、经济、文化的精华与缩影，是我们回顾和研究历史的最好现场与实物。

站在今天的角度，就文化和精神层面言之，中国皇陵所反映出来的内涵，除了封建帝王生活及制度的参照，亦是中华五千年灿烂文化和悠久历史的结晶，是中华民族丰富的古代物质文明与思想观念结合后繁衍出的历史文化精华，是沉睡在山水间的历史文献，是珍贵丰富的艺术博物馆，是留给子孙后代无价的重要文化遗产，同时也是世界文明的重要组成部分。通过对这些历史遗迹的了解与深入研究，可以让我们真实地还原那些最具生命力的鲜活记忆，而这些丰厚、具体的年代记忆，为今天的人们"在史中求史识""吸取历史的教训"（陈寅恪），具有不可替代的作用。

大清王朝已隐没于历史尘埃之中，但就历史阶段言之，又似乎在昨天刚刚退去，近三百年的政治文化、历史典故、逸闻趣事，似乎仍在眼前飘动。然而，历史毕竟还是历史，那些立于世间的清朝皇陵——关外三陵、清东陵和清西陵，普通百姓只看到其庞大辉煌的外表，却很难知其地宫的状况和文物的价值与命运，只知其然而不知其所以然。清皇陵已在历史中沉睡，而在皇陵内沉睡的不只是清朝帝、后、妃们的亡灵，更多的还有那些说不完、道不尽的清朝别样故事，如清朝皇陵陵墓的选址、修建、用料、陈设、祭祀、防护、管理等，皆有其丰富的历史内涵，可谓处处皆学问。

据我所知，目前国内研究清史者虽人数众多，也取得了较大成绩，但在清史研究的另外一块阵地——清皇陵研究领域，取得瞩目成就的少数人中，徐鑫则是最值得关注的。

1973 年 1 月出生于京东名镇马兰峪的徐鑫，自幼在家庭、学校接受了严格的传统文化教育，兴趣十分广泛。读书、看报、摄影自不在话下，站在沙滩上看水流、倚在树下思考、坐在山坡上静静发呆等少年耍酷或装酷的事也干过一番……但据我所知，徐鑫最大的爱好还是历史，尤其是清朝历史，或许因为家乡的西面就是清东陵，或许因为

祖上是守陵人，或许因为其父徐广源先生是研究清朝皇陵的专家。总之，徐鑫的成长与后来的成就，有很多一时说不尽的原因。因此，在他的生命中，清皇陵的一草一木、一砖一石都是无价之宝，都含有丰富的历史信息，都是有生命的活文物，是人与亡灵交流的场所，是一部记载人类文明发展史不可或缺的宝库。

1993 年 8 月 11 日，中学毕业不久的徐鑫到清东陵当了一名看守皇陵的警卫，自此他的命运就与清朝皇陵联系在了一起。

那个时候，虽然清东陵还未申报世界文化遗产，但早已是闻名天下的国家级文物保护单位。由于工作在第一线，皇陵保护工作十分严格而且条件艰苦，堪比清朝时期的八旗兵。

一是上班时间长。每天 24 小时分为三班，每班次 8 小时，没有节假日。那些不开放的陵寝，只设置一名或两名保卫人员，每 24 小时换一次或一人终日看守，不分昼夜。

二是路途比较远。因为工作的特殊性，无论春夏秋冬，不管天气情况，都要坚持骑自行车到岗。虽说马兰峪在清东陵的东侧，但实际到上班的陵寝也有十多里的路程。白天上班还好，主要是夜晚，路窄、草茂、沟深，一手骑车一手持手电筒照着路面，尤其冬天的路面特别滑，稍不小心就会掉进路边的深水沟里。到岗位的时候，身上也会被淋湿，没有干燥的衣服可换，只能靠体温烘干。夜间的陵区，冬季是寒冷的风吼，夏季是马槽沟内的蛙声一片，气候环境非常潮湿。守陵的工作是异常孤独寂寞的。由于人员少，不能常在值班室里休息，更不能睡觉，只能站在最明显的宫门或到陵寝内，不停地用手电筒打量四周动静。而且，越是天气不好的时候，如下雨、雷闪、下雪、刮大风等恶劣天气，作为守陵人就要到陵内外勤转、勤看、勤听，以防有人盗窃或者因恶劣天气造成陵寝发生火灾和损坏。

三是颇具危险性。上岗人员除了一个手电筒外，就是赤手空拳，没有任何警戒工具。陵寝之间相隔较远，与村庄民居也相距甚远。一旦出现偷盗、抢劫事件，对方是有备而来，可能带有作案工具和凶器，看守陵寝的人连呼救的可能都没有，因为发现对方的时候危险已经到了身边。在全力以赴的打斗过程中，也根本没有时间和精力呼救，更不要说有时间打内部电话报警了。因此，除了全神贯注地巡视，以便提早发现可疑和危险情况外，只能默默祈祷平安。

在清东陵守陵这样的苦工作，也正是徐鑫任劳任怨负责的工作，他看守的皇陵没有发生过火灾和盗抢。然而，作为刚出校门的学生，无论是体质还是工作经验，徐鑫比不过那些年长的同事，自然受罪是最多的，以致落下腿怕冷、无力及常年疼痛的毛病。对此，徐鑫曾多次想打退堂鼓，但最终还是坚持了下来。按他的说法，自己是满族人，是守陵人的后裔，对清朝历史有着执着、痴迷、深厚的感情。

徐鑫认为，清陵文化的继承和研究更重要。因此在看守皇陵之余，他更注重研究和弘扬清陵文化，于是将业余时间和精力放在清宫档案的查阅及实地调查上，潜心研究清陵文化二十余年，凭借着扎实的基本功、严谨负责的态度，先后出版了被业内称为"良心书"的《铁腕女人：清东陵慈禧陵劫难之谜》《香妃迷案：清宫档案与考古中的香妃》《大清皇陵私家相册》等二十余部专著，发现并填补了很多清陵研究领域的空白，并在此基础上创作了"清朝帝陵文化系列"作品。

　　该系列作品以正史、清宫档案为基础，结合当今史学最新研究成果，将实地调查和历史文献记载有机地比对、结合，以朴实无华的文字辅以图片方式，深入浅出地介绍了清朝的永陵、福陵、昭陵、清东陵、清西陵等皇陵的风水、建筑规制、陵寝特点、陵寝祭祀、陵寝管理和保护、陵寝被盗和清理等，以全新的形式向世人解读了大清皇陵这部看得见、摸得着的"大清历史档案"。作为一部浓缩的清朝历史，清朝皇陵就像一面多棱镜，从不同角度折射着清王朝曾经的发展、辉煌和衰落。书是本本精彩，历史是代代沉重。

　　概而言之，整个大清王朝共建有十二座皇陵，每一座皇陵又都是一个王朝历史的缩影；走过每一座皇陵，都是穿越一部历史年轮。因此，清朝皇陵是清王朝兴衰发展的影子，是一部记载社会和国家的大百科全书，它将天、地、人与龙、沙、穴、水等有机融为一体，成为一部传承中国风水学的堪舆宝典；它将各部门、管理、保护机构高效组织在一起协同工作，因此又是一部现代管理学；又由于清朝皇陵需要科学规划建筑布局和建筑规制，它还是一部古代建筑学。清朝皇陵建筑不仅美轮美奂，它们的所在地也都是风水极佳的梦幻之地，山形地貌在完全符合风水标准的完美与吉祥的同时，也最大限度地融入了崇高、永恒的人文精神。假如读者是位有心人，一定会从这一系列图书中获益匪浅，尤其在精神上得到与现实观感不一样的快乐。

　　从历史发展角度来说，无论是在工作中的履行职责，还是在工作之外的坚守，徐鑫已经不再是普普通通的"守墓人"，而是名副其实的"清陵文化的守护者和传承人"，其更多的贡献还是体现在陵墓文化的继承和弘扬。

希望徐鑫不忘初心，在清陵文化探索研究和传承弘扬的道路上继续努力，为社会奉献更多精彩的作品。

2017 年 9 月于北京

岳南，历史纪实文学名家，著有《风雪定陵》《复活的军团》等考古纪实文学作品十二部，有英、日、韩、法、德文版，海外发行达百万余册。另有《陈寅恪与傅斯年》《大学与大师——清华校长梅贻琦传》等系列作品十余部，其《南渡北归》三部曲出版后在海内外引起巨大轰动。

前言

　　历来，每当一个朝代发展到鼎盛时期，随着社会的稳定、经济的繁荣与发展，统治阶级的腐败与社会矛盾同样会在这一时期逐步显现出来，这是历史发展的规律，也是社会进步过程中的必然现象。在中国历史上，大清王朝延续着历史发展的这一定律。康乾盛世之后的大清帝国，自嘉庆朝开始，由于统治者的无能、官僚的腐败，帝国的庞大身躯已不堪重负，只能拖着沉重的病体以历史的惯性向前继续运转，其消亡不过是时间问题。

　　一般来说，一个王朝在灭亡前，因为正常秩序已经混乱，通常会发生一些反常的历史现象。于是，当历史的车轮行进到公元1861年至1875年正月时，这段被称为大清帝国同治朝的时期，中国政治舞台上就出现了一些千奇百怪的人和事。

　　同治帝（1856—1875），清穆宗毅皇帝，姓爱新觉罗，名载淳，为咸丰帝的长子，是清朝入关后的第八位皇帝。别看同治帝在历史上名声不大，但提起他的生母，那可是天下皆知的大人物。他的生母就是孝钦显皇后叶赫那拉氏，即历史上赫赫有名的晚清最高统治者——慈禧。那时，六岁的同治帝登极当上皇帝，因年幼，由慈安和慈禧两宫皇太后垂帘听政。也正是因为慈禧的出现，晚清时期的皇权才落入了

女人之手，并长达四十八年之久。

皇帝，初登舞台空留恨。

也许是慈禧的权势太强了，以至于同治帝在初登政治舞台处理朝政仅两年后，还未来得及施展政治抱负，就暴病而亡，英年早逝。其生前那些年的国家政权全掌控在他生母慈禧的手中，而他所做的，在历史上的记载只是杀了他生母最宠信的一个大太监安德海，以及因重修圆明园而遭到朝臣反对的政令。除此之外，更多的是关于他烟花柳巷作乐而身患性病的传闻，并因此还落下了一个暴病而亡的历史悬案。想必年纪轻轻的同治帝是怀着满腔遗憾离开人世的，对于还未来得及施展的政治抱负，也只能抱恨黄泉、死后遗恨了。

后宫，牵一发而动全身。

同治帝死了，他的孝哲毅皇后阿鲁特氏也没有能够活下去，没有子嗣，婆媳关系又恶劣，没有了男人的保护就等于失去了保护伞。在同治帝死后七十四天，年轻的皇后阿鲁特氏自杀身亡，总算求得个与夫君死后同穴的归宿。皇帝没了，他的妃子自然成了寡妇。同治帝的四个妃子从十几岁起就开始了漫长的寡居生活，其中包括慈禧最喜欢的慧妃，守寡那年，慧妃才十六岁。

墓地，见证亲情、爱情和"绝"情。

同治帝死的那年，他还没有建自己的陵墓。在他死后，他的生母慈禧替他做主，将他的万年吉地定在了遵化的东陵，于是同治帝的陵寝与他的皇父咸丰帝的定陵和生母的慈禧陵同在东陵。他皇父的定陵在东陵的最西边，而他的惠陵在东陵的最东边。这样一来，虽然慈禧照顾了她与同治帝的母子亲情关系，但清朝的陵墓昭穆制度被再次打乱。同治帝与皇后生前同床恩爱、死后同穴相伴，这在他们不完美的人生道路上，也算是有始有终的大好结局了。

当清朝陵寝制度发展到同治朝时，陵寝规制和管理体系已经相当健全和成熟。然而，同治帝的惠陵虽然当时是按照他皇父咸丰帝的定陵规制所建，但却显得有些简陋。其中，在陵寝规制上最重要的变化就是石像生被裁掉了，神路也没有与孝陵的神路相接。这就难免令后人遐想不断，猜测不已，传闻中不接神路的原因是同治帝无嗣。

生活，美好的愿望总是被无情的现实打败。

人死之后，生前的是是非非、恩恩怨怨均会随着生命的终结而结束，入土为安是人最终的归宿，即俗话说的"纵有千年铁门槛，终须一个土馒头"。于是，作为生者与死者在时空中的对话场所，墓地是死者的安息之所，也是生者的历史标杆。

生者需要安宁，死者也需要安息。死者的安息不仅包括生前名誉的认可，还包括死后的灵魂不被打扰。然而，让同治帝夫妇意想不到的是，他们生前没有享受到家庭人伦之福，死后安息之地也遭盗掘之灾，被盗现场惨不忍睹。原来，同治帝、后死后风风光光、很是体面地葬入陵寝地宫，同时陪葬了很多珠宝玉器以及大量的生活用品，但也因此给他们带来了死后的不安即地宫被盗。他们不仅被毁棺扬尸，皇后保存完好的遗体也被扒光衣服，最后还被开膛破肚，令人胆战心惊，不忍直视。

还有，同治帝的妃子虽然只有四位，但却都年纪轻轻地在孀居的孤独中度过余生。虽然她们各个地位高贵尊崇，但她们的地宫却因帝国的灭亡而都遭到了被盗的厄运。

人们需要解读历史，更需要了解历史的真相。揭开历史的迷雾，看清楚里面不同的色彩，也许才能还原历史本来的面目。

由于意识形态作祟，大清国同治朝这段历史以及同治帝死后的陵寝史成了一笔糊涂账，其历史真相不是被歪曲就是被遮蔽，再加上历史发展过程中的一些误导性传闻的散播，致使这段历史不仅有空白、有谜团，还衍生了一些错误信息。

也许就连那个时代也不能解答所有问题，有些问题的答案只能靠我们去发掘去品味！庆幸的是，历史可以为现在的生活提供过去社会的信息和以往的生活经验。因此，这就为历史研究者发现历史真相、解决历史发展问题找到了研究课题。帝王的陵墓不仅是灵魂的所在地，还是历史的载体、历史的见证。于是，帝王的陵墓除了神秘之外，也是历史研究者还原真相最好的、真实的历史档案。走进陵墓，它还能为历史招魂，让人们发现历史本来的真面目。

那么，现在就让我们沿着陵墓这条历史痕迹走进大清帝国的同治朝，去寻找、感受、体会并揭开发生在同治帝生前死后的那些故事吧。

◈ 目录

序章

少年天子摊上了"大事"

同治十三年十二月初五日（1875年1月12日），北京紫禁城内爆出了一条震惊世人的消息：年仅十九岁的同治帝驾崩了！

少年天子的过早死亡，自然引起了朝野的种种猜测和议论。目前，关于同治帝死因，主要有五种说法。

1. 天花说。同治帝死于天花是清朝官方的说法，其根据是当时记载同治帝治病的脉案《万岁爷进药用药底簿》。该脉案完整记录了自同治十三年（1874）十月三十日下午同治帝得病，到十二月初五日病死，共三十六天的脉案档案。

同治帝生病之后，在治疗期间，同治帝的老师翁同龢每天都到内务府查看脉案刻方，到奏事处看起居单，并将这些事情以及所见所闻都记录在《翁同龢日记》中。其中，《翁同龢日记》记载，在同治十三年（1874）十一月二十九日，荣禄推荐的名医祁仲虽然给同治帝看过病，并且开出了《十全大补汤》药方，奇怪的是同治帝并没有使用该方，而是继续使用太医李德立开具的药方治疗。

虽然翁同龢在日记中没有明确表明同治帝得了什么病，但据他的记载可知，《万岁爷进药用药底簿》与他每日见到的脉案刻方内容是一致的。这就说明脉案是可靠的，并不是后来编撰伪造的。因此，用现代医学手段对这份脉案进行解读还是有必要的。

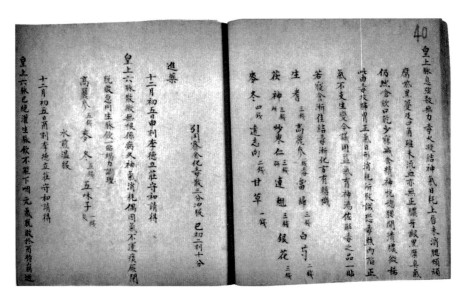

同治帝患天花进药档

同治帝气绝之日进药档

北京故宫博物院曾组织医学专家对同治帝的这份脉案进行过详细解读，其中北京医院医务处还特意为此组织了各方面的医学专家进行医学论证，并于1979年8月15日做出了专家会诊后的分析结果，并将这份诊断结果转发给了故宫博物院，其文如下：

故宫博物院：

　　关于鉴定清朝档案《万岁爷进药用药底簿》、同治皇帝患何病问题，我们请本院中医科主任魏龙骧，副主任李文瑞、吕秉仁，主治医生刘沈秋，皮科副主任周光霁及外科主治医生于学智、李玉山、王在同等同志审阅研究。经大家讨论，一致认为：清同治皇帝系患天花（痘疹）病故。其病程：病之初期为天花（痘疹）；病之中期为痘疹之毒所致"痘后痈毒"；病之后期为痘疹余毒所致"走马牙疳"；最后为毒热内陷而死。

　　根据：

　　（一）天花（痘疹）：据《万岁爷进药用药底簿》记载，清同治皇帝病之初期"发热头眩，胸满烦闷，身酸腿软，皮肤发出疹形……头面周身疹中挟杂之痘颗粒透出，系属天花……"符合《痘疹心法全书》有关天花（痘疹）"出痘形症""痘出五脏形症"等论述。

　　（二）痘后痈毒：据《万岁爷进药用药底簿》记载，清同治皇帝病之中期，"皇上天花二十朝……腰间红肿溃破，浸流脓水……"符合《痘疹心法全书·症中杂症》有关痘后"余毒未尽，痘毒生，轻则疮，重则痈……"的论述。

（三）走马牙疳：据《万岁爷进药用药底簿》记载，病之后期"腮紫肿硬……时流血水……溃深分许，牙龈黑臭，势恐口疳穿腮，毒热内扰……"符合《中国医学大辞典》走马牙疳条"痘疹余毒所致，初则口有臭气，渐至齿黑，热盛则龈烂，热血逆出，血聚成脓……腮漏见骨而死"的论述。

以上仅供参考。

此致

敬礼

北京医院医务处

一九七九年八月十五日

根据北京医院的这份诊断结果，证实同治帝是得了天花，但死于天花后遗症——痘后痈毒和走马牙疳。

天花，中医称为"痘疮"，由病毒引起，是一种烈性传染病。清朝入关第一帝顺治帝死于天花；第二帝康熙帝年幼时，为了躲避天花，躲到皇宫外的福佑寺，但最终也未逃脱天花的侵袭，经过精心治疗，虽避开了死神，但在脸上留下了麻子疤痕。在宫中任职的西洋传教士汤若望，不仅与顺治帝保持着密切关系，而且与孝庄文皇后的关系也非同一般。在汤若望的劝说之下，顺治帝最终决定由皇三子玄烨（康熙帝）继承皇位。其理由既简单又充分：玄烨已出过天花，对这种可怕的疾病有了终身免疫力。由于康熙帝认识到天花对大清王朝统治的威胁，于是，他在总结前人经验的基础上，主动对天花实行预防为主的策略，并且首先从宫中开始实行古人的种痘方法。据《阿哥种痘档》

记载：乾隆二十八年（1763），乾隆帝的皇十五子颙琰（嘉庆帝）种痘，十分成功。

既然清宫有阿哥种痘的制度，同治帝怎么还会得天花呢？同时，人们又想起同治帝的父亲咸丰帝，咸丰帝也曾受过天花的袭击，并在脸上留下了永久的麻子痕迹。所以人们对于同治帝所得的病是否为天花表示怀疑。如果皇宫中的御医没有误诊的话，那现在只能有两种解释：一种解释是，咸丰帝、同治帝两人做阿哥时都种过痘，但没有起到作用，因为传统的种痘方法并不能做到百分之百有效；另一种解释是，宫中的种痘制度在嘉庆朝以后已形同虚设，咸丰帝、同治帝父子两人当阿哥时并没有种过痘。因为从现存的清宫档案保存情况看，没有发现乾隆朝以后的阿哥种痘的记载。如果没有丢失的话，那只能说明乾隆朝后宫中阿哥种痘制度没有继续执行。

又有人根据同治帝脉案发现，同治帝从得天花到病死，时间长达三十六天。按照常规，天花从始发到病情结束，大约只需要十八天，民间一般民众如此，皇宫中人也应如此。既然如此，那么同治帝所患的病就很令人生疑了：十月三十日到十一月二十日，同治帝的病情基本得到控制，痘痂开始脱落。但此后突然又流毒继发，而部位集中在腰臀，溃烂流脓，此后续发失眠多梦、遗精尿血等并发症。而这些症状恰好与另外一种病——梅毒病状颇为相似。因此，人们怀疑同治帝所得的病并非天花病那么简单，其中还另有隐情，这隐情就是民间盛传的性病——梅毒。

2.梅毒说。梅毒是一种性病，其病原为梅毒螺旋体。一般在两性交媾传染后三周左右发作，在外生殖器部位发生硬下疳，约两个月后全

溥仪西装像

身皮肤发疹。此病表现极为复杂，几乎可侵犯全身各器官，造成多器官的损害。

在梅毒说法中，认为同治帝得病是冶游①的结果，那么同治帝身边是否有促使其冶游的因素呢？

同治帝自幼就处处受制于他的母亲慈禧，是一个内心空虚、性格古怪的少年天子，他对宫中生活极度厌倦，甚至产生了暗中反叛的思想。

关于慈禧母子关系不和的记载，溥仪在《我的前半生》中曾谈到过此事，他认为，因为慈禧对同治帝很严苛，又想处处掌控朝权，所以与同治帝感情冷漠，隔阂很大，矛盾也越来越深。

同治帝自幼不爱读书，整日醉心于一些游戏娱乐；又因为他从小就生活在女人堆中，平时受太监的挑逗，对于异性有很大的追求、渴望，只是拘于宫中规矩，还不敢妄次。但大婚后的同治帝，享受到了与自己喜爱的女人的夜月花朝愉悦后，对于性的追求已经达到一种难割难舍的程度。而慈禧对同治帝的这种生理欲望却横加干涉，不许同治帝到皇后那里去，慈禧对同治帝说："慧妃贤明，宜加眷遇。皇后年

---

① "冶游"一词原指男女在春天或节日里结伴外出游玩，后来专指嫖妓。

少，未娴礼节，皇帝毋辄至宫中，致妨政务。"其原因是皇后阿鲁特氏被立为皇后是慈安和同治帝的意愿，而她中意的凤秀之女富察氏只被封为慧妃，所以慈禧要求同治帝到慧妃那里去。同治帝对慈禧干预自己的私生活十分不满，但又不敢发作，只能以逃避的方式对抗。于是同治帝既不去皇后寝宫，也不去慧妃宫中，后来索性从养心殿搬到了乾清宫西暖阁居住。由于宫中规矩很多又很严，为了解决精神上的苦闷和生理上的需求，同治帝便设法到宫外去潇洒冶游。同治帝母子关系的不和、夫妻生活的被干预，政治上的无所作为，是同治帝有可能冶游的主要原因。

对此，《太监谈往录》中有这样一段记载：

> 同治魁梧又较聪智，年尚未冠，不肯受祖宗法制之约束，对于母后也不顺从，太后不悦曾迁怒皇后。外间传闻皇上喜欢单独蹓出宫门，寻花问柳。诸皇叔劝之不能改，太后知道为时已晚。同治染上花柳病已重，太医却误诊为天花，以致早亡，遗恨于无极。

又通过对脉案的分析可知，同治帝所患的天花病的确与梅毒病有很多相似的地方，从"痘痂俱落，而腰间溃孔，左右臀部溃孔"的描述中，似乎可以得出这样的结论：同治帝得的病是梅毒或者天花与梅毒两种病。

3.服毒自杀说。这种说法比较少见，目前只在民国时期苏海若的《皇宫五千年》一书中有这样一段记载，说同治帝死亡原因说法有三种，

有说是得天花病死的，有说是得梅毒病死的，还有说是服毒而死。对于这三种说法，作者苏海若在书中也说不清楚。

由于目前这种说法只是一家之言，并无传说和其他史料支持，故笔者不作分析。

4.慈禧害死说。此种说法认为，慈禧与同治帝之间有四大怨恨，在同治帝得病之后，慈禧借机相害。据称，这四大恨为安德海之死、选皇后、觅母事件、遗诏风波。

（1）安德海之死。安德海是慈禧的心腹太监，因为自恃有慈禧撑腰，便不把任何人放在眼里，因此同治帝对他非常厌恶，把安德海比作明朝宦官魏忠贤，常常在老师翁同龢和慈安面前宣称要杀掉他，并且做了一些泥人当作安德海，割去泥人头来发泄心中的不满。后来，同治帝与慈安借安德海出宫有违祖制事件，终于杀了他，但却因此惹恼了慈禧，使本来就不亲近的母子关系产生了更大的隔阂。

（2）选皇后。同治帝大婚时，在立谁为皇后一事上，两宫皇太后之间产生了分歧。慈安欲选侍讲崇绮的女儿阿鲁特氏为皇后，而慈禧却极力推选刑部员外郎凤秀之女富察氏。由于两宫皇太后各持己见，僵持不下，最后决定听同治帝的意见。当时，慈禧认为自己是同治帝的生母，亲生儿子一定会向着自己。让她万万没想到的是，同治帝竟然按照慈安的意愿，将那柄代表皇后人选的玉如意递给了崇绮之女阿鲁特氏。同治帝这一不顾后果的举动，不仅加深了自己与慈禧之间的母子矛盾，而且给慈安带来了生命威胁的隐患，还造成了日后皇后与慈禧之间的婆媳不和。

慈安便服像

（3）觅母事件。本来，慈禧与同治帝母子之间就已经有了隔阂，甚至是矛盾，但同治帝不想办法修复自己与慈禧之间的关系，反而与慈安更加亲近；并且还故意冷落落选皇后的慧妃，亲近慈禧不喜欢的皇后。为此，慈禧除了恼恨之外，只能出面干预同治帝的夫妻生活。天生叛逆的同治帝对此不以为然，毫不在意，依然我行我素。不仅如此，他还制造了一件更让慈禧伤心的事情来。原来，同治帝降生以后，按照宫中规定，由身居六宫之首的皇后抚养，于是幼年的同治帝与当时还是咸丰帝中宫皇后的慈安的关系就亲近起来。慈安自身

无子，对这个唯一的皇子格外爱护，关照备至，视如己出。而慈禧因为自己生育了皇帝母以子贵，居功自傲。平时她忙于抓权掌政，对同治帝的照顾既少又格外严厉。每当同治帝受了委屈，在慈安那里总能得到母亲般的安慰，久而久之，同治帝觉得他与慈安更像真正的母子。同治帝的脑海里留下了"皇额娘"比"额娘"好得多的印象。此时，恰逢两宫关系不和谐，同治帝又倾向于慈安，在宫中就传出了一种秘谣，说同治帝不是慈禧所生，而是咸丰帝后宫的一个宫女所生，因懿嫔（后来的慈禧）无子，于是她暗中将宫女毒死而抚养其子。这种谣言是热河辅政八大臣故意制造的离间慈禧母子关系的计策，且不久后辅政八大臣就被铲除，当时并未有人敢传言这种杀头的说法。同治帝对此谣言却相信了，并且认为慈禧不懂什么叫母爱。为找到确凿的证据，同治帝派心腹太监暗中查找生母的遗像。这件事情被精明的慈禧知道后，自然十分伤心，也由此失去了对同治帝的信心，认为同治帝不仅孺子不可教，而且简直就是大逆不道。但此时的慈禧还是觉得没到与同治帝彻底决裂的时候。作为大清国的圣母皇太后，慈禧相信自己有能力控制住自己的儿子同治帝。但接下来发生的遗诏事件就不得不令慈禧痛下决心，因为此时的同治帝已经成为自己的叛臣逆子了。

（4）遗诏风波。经过与慈禧的数次摩擦和冲突之后，同治帝懂得了权力的重要性。然而，同治帝虽然贵为一国之主，但在慈禧掌握朝廷实权的情况下，他手里的那点权力没有多大作用。而慈禧又是一个视权力重于生命的女人，她所有的一切都离不开权力的支撑。于是两人在权力上的争斗自然无法避免。随着年龄与权欲的增长，亲政后的同治帝在法律上开始拥有了皇权，而这皇权又是不受任何人干预的权力。因此，同治帝与慈禧之间的矛盾越发加剧。为了遏制慈禧的权力，同治帝认为应该立长君以防止皇太后继续垂帘听政。于是在病危期间，同治帝做出了立长君的决定，宣召他的老师李鸿藻入宫，将他的决定写入遗诏。只可惜李鸿藻忌惮慈禧的权势，反将遗诏交给慈禧，遗诏自然被撕毁了。对此，近现代爱国文人印鸾章在《清鉴纲目》中是这样记载的：

> 军机大臣李鸿藻入见，口授遗诏，令鸿藻书之。谓国赖长君，当令贝勒载澍入承大统，凡千余言。鸿藻奉诏驰赴储秀宫中，请急对，出袖中诏书以进。西太后大怒，碎其诏，叱鸿藻出宫。

因此，遗诏事件加深了慈禧对同治帝的恼恨，母子关系彻底决裂了。慈禧一气之下做出了尽断其医药饮食的决定，并将同治帝遗诏中的“当令贝勒载澍入承大统”改为“醇亲王奕谖之子载湉著承继文宗显皇帝为子，入承大统，为嗣皇帝”。

对于同治帝生前是否有遗诏，这也是一个很有争议的话题。据金承艺先生的《关于同治帝遗诏立载澍为帝一事的辩正》一文考证，同治帝遗诏中说“令贝勒载澍入承大统”之事为子虚乌有。载澍为奕瞻之子，在同治帝死时，其名字叫载楫，而称“载澍”这个名字时已经是光绪四年（1878）。之所以改名，其原因是载澍过继给光绪三年（1877）二月去世的孚敬郡王奕譓为嗣。因此，所谓的同治帝遗诏“当令贝勒载澍入承大统”是后人杜撰的一种说法。

对于同治帝的死因，溥仪也持天花病变之说，他在《我的前半生》中写道：

> 在野史和演义里，同治是因得花柳病不治而死的，据我听说，同治是死于天花（翁同龢的日记也有记载）。按理说天花并非必死之症，但同治在病中受到了刺激，因此发生"痘内陷"的病变，以致抢救无术而死。

溥仪认为，同治帝得的是天花，但死亡的真正原因则是得病后看到慈禧当面殴打皇后受到了惊吓才死的。

无独有偶，与溥仪持同一观点的还有恽毓鼎①的《崇陵传信录》，而且两人的说法基本上一致。《崇陵传信录》上有这样的记载：

> 惠陵上仙，实系患痘，外传花柳毒者非也。甲戌十二月初四日痘已结痂，宫中循旧例谢痘神娘娘。幡盖香花鼓乐，送诸大清门外。是日，太医院判李德立入请脉，已报大安，两宫且许以厚赏矣；夜半，忽急诏促入诊。踉跄至乾清宫，则见帝颜色大变，痘疮溃陷。其气甚恶，德立大惊，知事已不可为，而莫解其故，未久即传帝崩矣。嗣后始有泄其事者：孝哲毅皇后为侍郎崇绮之女，明慧得帝心，而不见悦于姑，慈禧太后待之苛虐。初四日，不知何事，复受谴责，后省帝疾于乾清宫，泣诉冤苦。帝宿宫之

---

① 恽毓鼎，字薇孙，顺天府大兴人，光绪十五年进士，授翰林院庶吉士，历官侍读学士。

暖阁，屋深邃苦寒，中以幕隔之，慈禧侦后诣帝所，窃尾之，宫监将入启，摇手令勿声，去履袜行，伏幕外听之，适闻后语，帝慰之曰："卿暂忍耐，终有出头日也。"慈禧大怒，揭幕入，牵后发以出，且行且痛抶之，传内廷备大杖，帝惊恐且悲，坠于地，昏晕移时始苏，痘遂变。慈禧闻帝疾剧，始释后，而诬以房帏不谨，致圣躬骤危云。

5.综合说。台湾作家高阳在《慈禧全传》一书中认为，同治帝是死于天花与梅毒的并发症，即天花引发梅毒的再次爆发。

一个人死了，不可能同时有几种不同的死因。既然如此，以上关于同治帝的几种死因，必然有一种更接近事实，那么究竟同治帝是死于哪种病因呢？

笔者认为，不管何种病因，同治帝的死都与慈禧有着直接或间接的关系，慈禧有不可推卸的责任。但具体说到同治帝究竟得的是哪种病，那就只能仁者见仁，智者见智了。

同治帝死了，他死后自然要葬在他自己的皇帝陵中。但是，他生前没有选陵址，更谈不上建陵了。他的陵寝只能由皇太后为他做主选定、修建。因此，作为无冕女皇，慈禧再次参与并决策了同治帝的陵寝选定和营建。对于同治帝来说，不仅从小备受生母的严苛对待，成年后受其控制，就连身后之事也要按慈禧旨意，这可真是生前是傀儡，死后也身不由己，悲哀至极。下面就来看看同治帝的出生和成长过程吧。

第一章
紫禁城最后的大阿哥

当清朝运转到咸丰朝时，懿嫔终于给盼子心切的咸丰帝生育了一个皇子。这个皇子的降生，带给咸丰帝的是喜悦和期望，带给后宫的是一片喜庆和忙碌。后来，小皇子当上了皇帝，不爱学习的他在紧张严格的监督下度过了童年。

一、降生前后的烦琐

同治帝朝服像

咸丰六年（1856）三月二十三日未时（下午一点至三点），北京紫禁城内诞生了咸丰帝的第一个皇子——载淳，即后来的清朝入关后第八位皇帝——同治帝。

同治帝，爱新觉罗·载淳，清文宗奕詝的长子，生母是储秀宫懿嫔叶赫那拉氏。据《懿妃遇喜大阿哥》档记载，懿妃分娩经历了一个相当烦琐的过程和礼仪程序。

咸丰五年（1855）十二月二十四日，咸丰帝令内殿总管韩来玉传旨："本月二十六日，懿嫔之母进苍震门至储秀宫住宿。"苍震门是紫禁城东六宫前面的一个东向侧门，是普通后宫人员出入的通道。十二月二十六日"巳正三刻（上午十点四十五分）"，懿嫔之母和两名跟随来的家下妇人在储秀宫住下。《国朝宫史·宫规》记载："内庭等位遇娠，每日食用照常额加半。有生母者，许进内照看。"安排怀孕八月的妃嫔与生母在皇宫中同住一段时期，这对常年不能相见的母女来说是一个合乎人情的规定，平时是不允许的。

《懿妃遇喜大阿哥》档

不仅如此，当时的皇宫还为怀孕待产的懿嫔做了很多周密的准备，具体有以下四个方面。

1.刨喜坑。就是为了处理分娩后的胎盘、脐带而挖的土坑。咸丰六年（1856）正月初九日未正三刻，钦天监博士张熙进内右门至储秀宫，选定喜坑位置在储秀宫后殿明间东边门北面。正月二十四日午时，韩来玉带领营造司首领太监三名，在储秀宫后殿钦天监博士选定的地点挖好了喜坑一个，两名随行的姥姥在喜坑前，边念喜歌，边安放筷子、红绸子、金银、八宝，以此方式祝福吉祥。懿嫔赏给刨喜坑的首领太监三两银子。

2.增加服侍人员。正月二十八日，会计司官送来精奇呢妈妈里①十名，兆祥所首领王成送来灯火、水上妈妈里二十名，随敬事房太监从苍震门领进，由总管韩来玉领至储秀宫懿嫔跟前。经过懿嫔挑选，各选中两名，年龄小者二十四岁，大者四十岁，都是正黄旗、镶黄旗披甲人或苏拉②之妻。令这六人于二月初三日进宫当差。又增加姥姥③两人、御医六名，从二月初三日卯正（上午六点）开始上夜守喜，直至小满月时止，其中御医分为两班。小满月是指分娩后第十二天。

3.准备"吗哪哈④"一份。二月初三日，总管太监史进忠告知衣库预备小皇子的各种衣物：春绸小袄二十七件（棉十八件，夹九件）、白纺丝小衫四件、一幅春绸挖单一块、红兜肚四个、潞绸被十八床、蓝高丽布褥一床、蓝高丽布挡头长褥一床、白高丽布挖单三十三个、白漂布挖单三个、蓝素缎挡头二个、石青缎挖单一块、红青纱挖单一块、白布糠口袋二个、白纺丝小带四条、挂门大红绸五尺、蓝扣布挖单十个、白漂布小挖单二十六个。以上共用：各色春绸七丈五尺一寸、各色潞绸八丈一尺三寸、白高丽布三匹、蓝高丽布三匹、白漂布二匹、蓝扣布二匹。

4.预备分娩所用器皿等。二月初三日，宫殿监督领侍史进忠告知理事关防处预备大小木盆二个、木碗二个、木锨一张、小木刀一把。二

---

① 妈妈里，即挑选四十至五十岁无牵挂、无子女的孀妇入宫当差，是专门从事烧水、做饭、洗衣以及其他低级劳作的仆妇。如锅上妈妈里、水上妈妈里、看灯妈妈里、如意妈妈里、长房妈妈里、推揉妈妈里等。她们的领头人满语称为精奇呢妈妈里。

② 苏拉，八旗中干杂活的杂工。

③ 姥姥，即皇宫里的老年资深仆妇，生活经验丰富，主要负责管理后妃生育之事，如接生、洗三等，属于地位较高的女仆。

④ 吗哪哈，满语，即新生婴儿所穿的衣物。

月初五日，又通知武备院预备长六尺、宽四尺黑毡一块。造办处预备婴儿用的吉祥摇车一座。三月初九日，挑选嬷嬷，从乾清宫取来易产石一块。三月十三日，总管太监韩来玉、敬事房首领太监徐二格令太监将吗哪哈、木槽、木碗、木刀、木锨、黑毯等物品送到储秀宫，并从养心殿西暖阁取来大楞蒸刀一把挂在储秀宫后殿（丽景轩）东次间内。

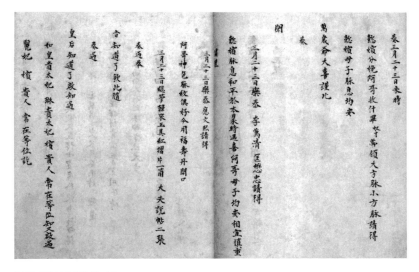

《懿妃遇喜大阿哥》档

懿嫔的分娩日期是三月二十三日。三月二十三日午时，总管韩来玉向咸丰帝奏报："懿嫔坐卧不安。孩子快要降生。"当皇子降生后，韩来玉再次向咸丰帝奏报："未时，皇子顺利降生。母子平安。"御医见出生的婴儿神色、脉纹俱好，即用"福寿丹"开口。对于福寿丹的成分和用法，据《慈禧光绪医方选议》上记载，福寿丹即"朱砂一分末，黄连一分末，甘草五厘末，蜜水调服"。

听说降生的皇子健康、平安，咸丰帝大喜。随后，咸丰帝即令小太监平顺传送朱笔谕旨："封懿嫔为懿妃。"由于懿嫔刚刚生育，身体虚弱，再加上需要做一系列准备工作，因此册封典礼于当年十二月初一日才举行。当时，咸丰帝命大学士彭蕴章为正使、礼部尚书瑞麟为副使，持节赍册印，正式晋封懿嫔叶赫那拉氏为懿妃。

俗话说"一人得道，鸡犬升天"，"妻以夫荣，母以子贵"。这些话一点没错。

懿嫔生育了皇子，她身边的太监由此也沾了光，得到了晋升，其中，储秀宫的小太监张文亮封为八品。清宫中称皇子为"阿哥"，懿嫔生的皇子是咸丰帝的第一个皇子，因此称为"大阿哥"。

懿嫔生育后，不仅由嫔晋升为妃，其生活待遇也发生了变化。当然，其中的一些待遇则是为了给她恢复身体而准备的特殊供应食品，即现在常说的吃"月子饭"。供应时间为三月二十日起至小满日止，这些特殊供应的食品为：粳米、碎粳米、碎红米、黄老米、碎老米、碎老黄米、小米、凉谷米，此八样米每样七合五勺，芝麻四合、鸡蛋二十个。

大阿哥的生活由总管韩来玉负责照料，以保证按时供应大阿哥的生活所需。其中，新出生大阿哥的生活待遇为："每月用六安茶叶二两、天池茶叶一斤、豆面一升、细草纸五十张、粗草纸一百张。"

大阿哥所食用的乳汁（奶水）并非懿嫔的，而是由一个被称为"嬷嬷"的乳母为他供应乳汁。由于是为大阿哥供应乳汁，因此嬷嬷的日常饮食也是特殊供应的，"每日用鸭子半只，或肘子、肺头，轮流使用"。

《大公主大阿哥荷亭晚钓图》轴

　　皇宫中生了大阿哥，自然是天大的喜事，于是一系列传统习俗接踵而来。下面就简单介绍一下这些有趣的清宫习俗。

　　1."洗三"，即婴儿出生三天后的洗澡。一是借此洗去婴儿从"前世"带来的污垢，祈福今生平安吉利；二是为婴儿洁身防病。

三月二十三日，韩来玉将写有大阿哥出生年、月、日、时的八字命帖交给钦天监，钦天监博士贾席珍、陈希吕选定三月二十五日午时面向正南"迎喜神方位，大吉"为大阿哥洗浴。同时选定四月初二日卯时"升摇车万全大吉"。

三月二十四日，宫殿监督领侍史进忠为"洗三"预备了绸缎，内殿司房送来了"洗三"所用的大金盆。

三月二十五日午初二刻（上午十一时半）至午正三刻（中午十二时四十五分）是大阿哥洗浴的时刻。按照习俗，在这一天，皇室的所有成员每人都要送一份礼物表示祝贺，即现在常说的"填盆"。其中，咸丰帝送的礼物为：

红雕漆盒一件，内盛：金洋钱四个、金宝一分、银宝一分。

皇后钮祜禄氏（后来的慈安）送的礼物为：

金银八宝八个、金银如意四个、棉被二件、棉褥二个、白布糠口袋二个、棉袄四件、夹袄四件、袜子四双、吗哪哈四个、兜肚四个、抱抱帘四个、红绸带四条、月白纺丝带四条、枕头二个、挡头一个。

此时，不但咸丰帝的丽妃、婉嫔、祷贵人、容贵人、璬贵人、鑫常在送了礼物，就是年仅二岁的大公主（后来的荣安固伦公主）也都送了礼物。并且，奶奶辈的道光帝妃嫔如皇贵太妃、琳贵太妃、常嫔、佳嫔、彤嫔、成嫔、祥嫔；姑母辈的道光帝女儿皇四女寿安固伦公主、皇五女寿臧和硕公主、皇六女寿恩固伦公主、皇八女寿禧和硕公主、皇九女寿庄和硕公主（后来的寿庄固伦公主），以及皇室其他成员如惠亲王绵愉、恭亲王奕䜣、惇郡王奕誴、醇郡王奕譞、孚郡王奕譓、恭亲王福晋、恭亲王长女（后来的荣寿固伦公主）、惇郡王福晋、瑞敏郡王奕志福晋、隐志郡王奕纬福晋，以及懿妃之母等，也都各有礼物相送。

在"洗三"这天，还给大阿哥配备了一些常用物品，如铜蜡钎、锡钎盘、铜剪烛罐、锡柿子壶、铜莲子壶、锡背壶、铜面盆、锡肥皂盒各一至二件。

与此同时，咸丰帝对总管太监等五十四人也各有赏赐。

2."升摇车"，即大阿哥出生的第九天——四月初二日卯时"升摇车万全大吉"。

"升摇车"的程序为：大阿哥出生的第九天即四月初二日卯时，太监张文亮将大阿哥抱起，由营造司首领太监念喜歌，储秀宫首领太监执香在前引导，从储秀宫后殿东进间南床送到东次间的摇车里。摇车是事先安放在储秀宫后殿东次间的，摇车上由造办处太监贴上福字。

"升摇车"是习俗程序，于是相继而来的赏赐自然也少不了，从帝后到妃嫔，以及前朝妃嫔、公主、亲王、郡王、福晋等人，都要送小荷包二个，内盛金洋钱、金银宝或金银如意等。

3."小满月"，即婴儿出生的第十二天。按照《钦定宫中现行则例·遇喜》规定，懿妃得到了赏银三百两、表里七十匹。当天，懿妃对自己身边侍奉的总管及以下人员，也分别赏赐了衣料和银两。

4."满月"，即婴儿出生一个月。满月这天午正二刻，内殿太监杨

寿给大阿哥剃了头。故此，赏杨寿小卷袍料一件、银四两。

大阿哥满月这天，咸丰帝并未赏赐。但皇后钮祜禄氏有赏赐，她给大阿哥的礼物有：

金镯四个，金带头一个，金扳指一个，银镀金镯四个，银镀金铃铛、升、斗、钟、印一分，小帽二顶，单纱小衣服八件，兜肚两个，裤子两条，鞋袜四双。

这次，不仅皇后对大阿哥有赏赐，咸丰帝妃嫔、前朝妃嫔、公主、亲王、郡王、福晋也有赏赐，就是懿妃之母和懿妃之三胞妹也进献了礼物。

5. "百禄"，即民间常说的"百岁""百天"。因人死也有"百日""百天"之祭，故将孩子出生的第一百天称为"百禄"。

大阿哥的"百禄"之日为七月初三日。自然，这一天又是一番帝、后、妃等人的赏赐。

6. "晬盘"，即民间常说的孩子一周岁时的"抓周"，以观看孩子抓取眼前物件判断其长大后的志向和兴趣。

据《钦定宫中现行则例·晬盘则例》记载，每遇到皇子一周岁举行"晬盘"礼时，要准备的用品有玉陈设二件、玉扇坠二枚、金匙一件、银盒一圆、犀钟一捧、犀棒一双、弧一张、矢一枝、文房一分、晬盘一具、中品果桌一张。

因此，懿妃生的大阿哥也是按照此规定预备的物什。据《懿妃遇喜大阿哥》档记载，咸丰七年（1857）三月二十三日卯时，一岁的大阿哥在行"晬盘"礼中先是抓的书，再抓的弧（弓）和矢（箭），然后抓的笔。

按照当时的说法，大阿哥"抓晬盘"的表现可真是大吉大利，出尽了风头。因为大阿哥先抓了"书"，后又抓了"弧、矢"和"笔"。其中，"书"代表以文治理国家；"弧、矢"代表武力安定国家；"笔"代表管理国家，综合起来就是文经武略的意思。因此大阿哥的这次"抓晬盘"暗示着他注定是当帝王的"命"。

大阿哥"抓晬盘"这天，自咸丰帝到后妃等所有皇室成员又是一番赠送礼物。

据统计，经过五次赏赐，大阿哥获得的礼物已经多达一千多件，其中金银器八百余件，衣被鞋袜等五百六十多件，荷包、玉器等七十余件。这还不包括分例之内的供应。由此可见，清宫生活的奢侈和靡费多么惊人。

咸丰八年（1858）二月初五日，玫贵妃徐佳氏生皇二子，但还未及命名当天就夭折了。自此，紫禁城皇宫中再也没有听到新生婴儿的哭声。懿妃生的大阿哥因此成为咸丰帝唯一的皇子，于是他自然在咸丰帝死后顺理成章地坐在大清国皇帝的宝座上，只是他即位时年龄太小，皇帝的权力暂时由两位皇太后掌管。当然，这是后话。

二、小皇帝上学也不省心

按照清朝的祖宗家法，皇子六岁的时候就要开始入学读书了。咸丰十一年（1861）三月，咸丰帝的唯一皇子——六岁的大阿哥载淳在避暑山庄开始了读书生活。

李鸿藻像

初始，载淳即位前的启蒙老师是咸丰帝为他选定的翰林院编修李鸿藻。

李鸿藻（1820—1897），字季云、寄云，号石孙、兰孙、砚斋，直隶高阳（属今河北保定）人。咸丰二年（1852）进士，改翰林院庶吉士。咸丰三年（1853），散馆授编修。咸丰五年（1855）四月，在上书房行走。咸丰七年（1857）七月，提督河南学政。咸丰十年（1860），入京供职，仍在上书房行走。咸丰十一年（1861）三月，"特诏充大阿哥师傅"。

咸丰十一年（1861）十月初九日，六岁的载淳在北京紫禁城登基，翌年改元为"同治"，是为同治帝。然而，虽然载淳当上了皇帝，但尚年幼，因此上学还是他的主要生活。于是，慈安和慈禧发布懿旨为他选择了新的讲学师傅，即大学士祁寯藻、翁心存、倭仁，后来又选定检讨徐桐、右中允翁同龢、侍读林天龄为同治帝的授学老师。

凡是能成为皇帝的老师，除了必须是儒学大家外，还需要必备以下品质：为人宽厚、心地善良、品德端正、淡泊名利。因此，有必要简单介绍一下同治帝的这些授学老师。

祁寯藻（1793—1866），字颖叔、淳浦，避讳改实甫，号春圃、息翁、观斋，山西寿阳县平舒村人，户部郎中祁韵士之子。嘉庆十九年

（1814）进士。长期在南书房任职，是皇帝的御用文书，是军机大臣之一，先后任职兵、户、工等部尚书，历官至军机大臣，左都御史，兵、户、工、礼诸部尚书，体仁阁大学士、太子太保。名望高，学问扎实，为人宽厚，处世平和。

翁心存（1791—1862），字二铭，号邃庵，江苏常熟人，父亲为翁咸封，官海州学正。道光三年（1823）翁心存中进

祁寯藻像

士，改庶吉士，被选为翰林院编修，咸丰八年（1858）为上书房总师傅。后官至体仁阁大学士。因病乞休，复起，以大学士衔管工部。

倭仁（1804—1871），乌齐格里氏，字艮峰，正红旗蒙古人。道光九年（1829）进士，选庶吉士，授编修。历任中允、侍讲、侍读、庶子、侍讲学士、侍读学士。任副都统、工部尚书、文渊阁大学士。

徐桐（1820—1900），字豫如，号荫轩，正蓝旗汉军人。道光三十年（1850）进士，选庶吉士，授编修。咸丰十年（1860）特赏检讨，协修文宗实录。同治初年，命在上书房行走，奉懿旨讲《治平宝鉴》，入值弘德殿，累迁侍讲学士。光绪初年，授礼部尚书，加太子少保。光绪十五年（1889），以吏部尚书协办大学士，晋太子太保。光绪二十二年（1896），拜体仁阁大学士。1900年八国联军攻入北京后，

自缢身亡。

林天龄（1830—1878），字受恒，又字锡三，福建长乐人。咸丰十年(1860)进士，同治、光绪年间历任翰林院庶吉士、编修、侍讲学士、侍读学士、弘德殿行走，逝世于江苏学政任上。

为了让小皇帝读书不感到枯燥寂寞，又于同治二年（1863）给小皇帝载淳找了两个小伙伴在弘德殿陪伴他读书，称"伴读"。这两个小伙伴是惠亲王绵愉的儿子奕详、奕询。惠亲王绵愉负责在弘德殿"督责"即督学，恭亲王奕诉则负责稽查弘德殿一切事务。弘德殿在紫禁城乾清宫西面，明朝万历十四年（1586）命名，是清朝皇帝传膳、办公的地方。

据《清史列传》记载，两宫皇太后对同治帝的教育非常重视，并且有着非常高的要求：

> 帝王之学不在章句训诂，惟冀首端蒙养，懋厥身修，务于一言一动，以及天下民物之赜，古今治乱之原，均各讲明切究，悉归笃实。庶几辅成令德，措正施行，宏济艰难，克光大业。

这是因为，皇帝要具有深厚的文化功底和政治修养，因此就要学习治国理论和治国方法。又由于满族崇尚武德，因此还要学习骑马和弓射。在学习之余，还要每日问候两宫皇太后以及陪伴皇太后并召见臣工。年纪小，功课紧，任务多，负担重，这就是当时小同治帝生活的真实写照。因此，年幼的同治帝感觉不开心、不快活，并把这种生活称为"当差劳苦"。对此《荷香馆琐言》有这样的记载：

毅皇帝尝与翁师傅言，自谓当差劳苦。盖每日须至太后前问安侍膳，太后召见臣工必同临朝，又须至弘德殿读书也。

值得注意的是，上述记载的"翁师傅"是指翁同龢，他是同治帝的又一位老师。

翁同龢（1830—1904），字叔平，号松禅，别署均斋、瓶笙、瓶庐居士、并眉居士等，别号天放闲人，晚号瓶庵居士，翁心存之子。咸丰六年（1856）丙辰科状元。同治元年（1862）十一月，其父翁心存病逝后，翁同龢于同治四年（1865）十一月奉命："詹事府右中允翁同龢，著在弘德殿行走。钦此。"自此，他也成为同治帝的授业老师，为同治帝进讲《帝鉴图说》《庭训格言》《大学》《中庸》等书。

上学期间，同治帝的学习课程安排得很紧。每天黎明就要到弘德殿上课，两个小时后吃早饭，饭后要学习满、汉两种功课，还要在老师的陪伴下学习政治，以及将来如何上朝处理政务。

但是小同治帝的学习效果并不理想，学业"读甚倦，仍如去年也"，没有长进。学习看奏折时，"精神极散"，"读折不成句"；课堂之上时常思想走神，"神情不属"，"无精神则嬉笑"。再加上两宫皇太后对他的学业有时又催问过紧，因此，小同治帝对读书学习产生了厌倦情绪。

同治十年（1871）二月十三日，翁同龢在这天的《翁同龢日记》中有如下记载：

军机见时，两宫询书房功课，并以上下不能辨字体为言，有谯责之意。

同治帝绘《管城春满图》轴

同治帝的满文谙达是太常寺卿奕庆。谙达为满语，汉译是"师傅"的意思。

综上所述，同治帝的童年就是在这样的监督下度过的，主要任务就是学习各种文化和帝王之学。

第二章 母子不同心

　　咸丰帝死后，他的儿子载淳被推上了政治舞台。由于年龄太小，虽然载淳坐在了皇位上，但是他的皇权却被两宫皇太后掌管。更为可悲的是，由于争权，载淳与生母慈禧的母子关系并不和睦，感情逐渐疏远，甚至剑拔弩张。

一、垂帘听政：政变的后果

咸丰十年（1860）八月，英法联军进攻北京，咸丰帝以木兰秋狝为名，带着皇后、懿贵妃（后来的慈禧）、大阿哥载淳等以及部分重臣逃到了热河避暑山庄，以躲避洋人和战乱。

咸丰十年（1860）九月十一、十二日，留守北京的钦差大臣恭亲王奕訢与英法两国签订《北京条约》后，英法联军撤出北京。于是，奕訢奏请咸丰帝回銮，"洋兵全数退至天津"。但咸丰帝依旧不肯回到北京，借口是与洋人的事情还未真正谈好，自己的"木兰巡幸"尚未结束，"朕拟暂缓回銮"。

1860年，北京，爱新觉罗·奕訢。时年27岁。他是道光帝的第六子。晚清洋务派首要人物。是年，英法联军攻进北京，奕訢分别与英法两国签订了《中英北京条约》和《中法北京条约》，使大清得以苟延数十年

　　由于打着这些算不上"理由"的借口，咸丰帝在避暑山庄还是继续他花天酒地、歌舞升平的奢靡生活。因此，本来身体就不大好的咸丰帝，其羸弱的躯体最终被酒色彻底掏空病倒，最后死在了这里。因此，咸丰帝成为继嘉庆帝之后第二位死在避暑山庄烟波致爽殿的清朝皇帝。

咸丰帝朝服像

咸丰十一年（1861）七月十六日，咸丰帝病危，夜里急忙召见内廷王大臣前来安排后事。对此，七月十六日的《军机处上谕档》记载有这样一段话：

本日子刻，大人们同内廷王、御前大臣一起寝宫召见，面谕并辅政一道，写朱谕述旨后发下，即刻发抄。

又据《随手登记档》记载：

本日子初三刻，寝宫召见共一起：御前大臣载垣、景寿、肃顺，内廷王端华，军机大臣穆、匡、杜、焦。面奉谕旨，写朱谕递上、发下，当即发抄。

通过以上档案可知，咸丰帝临死时发下了两道上谕。据《军机处上谕档》记载，这两道上谕是这样写的：

第一道上谕：

咸丰十一年七月十六日，奉朱谕：皇长子（御名载淳），著立为皇太子。特谕。

第二道上谕：

咸丰十一年七月十六日，奉朱谕：皇长子（御名载淳）现立

为皇太子，著派载垣、端华、景寿、肃顺、穆荫、匡源、杜翰、焦佑瀛尽心辅弼，赞襄一切政务。特谕。

咸丰帝的第一道上谕，确定了他的皇位继承人是唯一的儿子载淳。这在当时是最为紧要的事情，因为大清国不可一日无主，所以确定皇位的继承人是当务之急。

作为大清国的新皇帝，载淳的名字在日后的使用过程中将有所避讳。原来，由于受汉文化的影响，皇帝的名字所用的字要与其他人的名字在写法上有所不同，这种方法称为"避讳"。清朝皇帝名字避讳，其发展有一个过程，这个过程可以分为四个阶段。第一个阶段就是天命、崇德、顺治这三朝，名字不避讳，只是在玉牒、《清实录》等重要出处，名字上面贴上一个黄签；第二个阶段就是康熙、雍正、乾隆三朝，方法是缺末笔。其中，雍正朝还将其他皇子名字的第一个字"胤"改为"允"字；第三个阶段是嘉庆、道光二朝，方法是将名字中的一个字改成另外一个字，但是在写的时候，还要避讳末笔，这方法比较复杂、较乱。第四个阶段就是咸丰、同治、光绪、宣统四朝，皇帝名字两个字，第一个字不避，第二个字缺最后一笔。

同治帝名字的避讳应该是遵循道光朝规定。对此，道光二十六年（1846）三月，道光帝的一道上谕是这样规定的：

援引二名不偏讳之义，用示折衷，将来继体承绪者，上一字仍旧毋庸改避，亦毋庸缺笔；其下一字，应如何缺笔之处，临时酌定，以是著为令典，俾我子孙继继绳绳，率循罔替。

按照祖宗的这种规定，载淳的名字书写问题很快就得到了解决：

> 将御名上一字，仍旧书写，毋庸改避；下一字毋庸缺笔，凡臣工章奏内，遇有此字，著用"湻"字改避。其奉旨以前，所刻书籍，俱毋庸议。

皇祖特降

上谕道光二十六年三月

896　咸丰十一年七月十八日内阁奉

谕旨以二名不偏讳将来继体承绪者上一字仍旧毋庸改避亦毋庸缺笔其下一字应如何缺笔之处临时酌定以是著为令典等因钦此今朕敬遵

成宪将御名上一字仍旧书写毋庸改避下一字毋庸缺笔凡臣工章奏内遇有此字著用湻字改避其奉旨以前所刻书籍俱无庸议钦此

关于新皇帝载淳名字避讳问题的上谕

于是，自此之后凡遇到书写"淳"字的时候，均写为"湻"。

咸丰帝的第二道上谕确定了辅佐新皇帝的朝政八大臣政治格局，即御前大臣载垣、端华、景寿、肃顺和军机大臣穆荫、匡源、杜翰、焦佑瀛。这就是说，这八位辅政大臣是主持国家事务的政治核心人物，国家政务应由这八位顾命大臣负责。这是因为当时载淳年龄很小，年仅六岁，在此之前清朝没有皇太后临朝理政的先例，故此，咸丰帝借鉴顺治、康熙朝的做法，想出了这个任命顾命大臣辅佐幼小新君的办法。

然而，咸丰帝对八大臣又不放心，担心会出现辅政大臣专擅朝政的状况，如清朝顺治时期的多尔衮、康熙年间的鳌拜。于是咸丰帝又想出了一个牵制辅政大臣权力的办法，那就是辅政大臣所决定的一切军国大事需要得到皇太后和新君的认可，具体方法就是朝廷下发的诏谕必须盖有指定的符信。这符信是两枚图章，即掌管在慈安钮祜禄氏手里的"御赏"图章和小皇帝手里的"同道堂"图章。咸丰帝死后的七月十七日，军机处将这两枚图章的使用方法行文吏部和兵部：

　　本王大臣拟旨缮递后，请皇太后、皇上钤用图章发下，上系"御赏"二字，下系"同道堂"三字，以为符信，并希转传京外文武各该衙门一体钦遵。

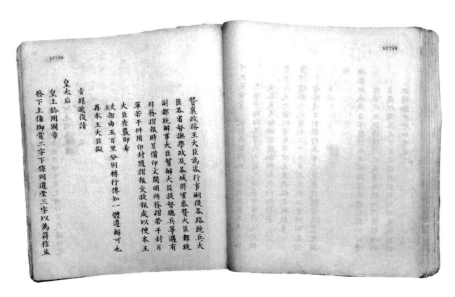

关于辅臣拟旨钤盖"御赏"和"同道堂"印章的记载

"同道堂""御赏"印

"御赏"宝文

"同道堂"宝文

同治二年十月初二日内阁奉

上谕阎敬铭奏请将庸劣不职之盐场各员分别革
职休致一摺山东永利场大使范春城永阜场大
使形瘠於该场盐垣濠堑不随时饬商修理致
启枭匪窥伺之心声名亦甚平常均著即行革职
官台场大使姚德用年已七旬办事昏愦著以原
品休致以上各员均有未完窝课著先行撤任于
限三月协同接任之员赶紧徵缴傥逾限不完即
著严参治罪餘著照所议办理该部知道钦此

钤有"御赏"和"同道堂"玺文的上谕

对这两枚图章的来历和用途，《热河密札》上有着更详细的记载：

> 十六（日）午后（咸丰帝）晕厥，嘱内中缓散。至晚苏转，始定大计。子初三刻见时，传谕清楚。各位请丹毫，谕以不能执笔，著写来述旨，故有承写字样。八位共矢报效，极为和衷，大异以前局面。两印均大行所赐，母后用"御赏"印（印起），上用"同道堂"印（印讫）。凡应用朱笔者用此代之。述旨亦均用之，以杜弊端。

由此可见，咸丰帝确定他死后的大清国政体是辅政大臣和帝后共管模式，辅政大臣是国家政令的策划和具体实施者，相当于现在国家的国务院总理；而帝后则是国家政令的决定者，相当于现在的国家元首；但帝后的权力高于辅政大臣。帝后通过这两枚印章为符信，控制和限制辅政八大臣权力，这在当时是保证国家权力最终掌握在清皇室最有效的办法。对此，《热河密札》上有这样的记载：

> 诸事母后颇有主见，垂帘辅政，盖兼有之。

小皇帝载淳年龄尚小，理应由他掌管的"同道堂"图章变成了由他的生母懿贵妃代管。因此，这实际上等于小皇帝的权力转到了他的生母懿贵妃叶赫那拉氏手里。

国家权力被分割，因此在统治集团内部形成了两个政治派别——北京派和热河派。北京派是以皇帝和皇太后为主，恭亲王奕䜣等皇室宗亲大臣为辅；热河派则是以辅政八大臣为主，其属下官员为辅。

慈禧旧影

实际上，咸丰帝把国家权力进行如此分配，只能说明他的想法是美好的，但也是天真的。因为他分配的这种权力并不均衡，又因为这两派之间存在矛盾，这就为日后国家政令在实施过程中产生冲突埋下了祸根。这样，大清国历史上的一次宫廷政变——"辛酉政变"就不可避免地发生了。

咸丰十一年（1861）七月十七日卯时，咸丰帝病死在热河避暑山庄烟波致爽殿的西间寝室，享年三十一岁。随后从即日起，原中宫皇后钮祜禄氏称"皇太后"，皇太子载淳称"皇上"，皇上生母懿贵妃叶赫那拉氏称"懿贵太妃"。懿贵妃称懿贵太妃的时间仅仅一天，因为第二天她就被尊称为皇太后了。与此同时，咸丰帝遗诏颁发天下。

咸丰十一年（1861）七月十八日，以内阁奉上谕形式公布咸丰帝皇后钮祜禄氏及新皇帝载淳生母叶赫那拉氏同为皇太后，其上谕内容为：

> 朕缵承大统，母后皇后应尊为"皇太后"，圣母应尊为"皇太后"，所有应行典礼，该衙门敬谨查例具奏。

谕旨中的母后皇太后即后来的慈安，圣母皇太后即后来的慈禧。这道谕旨名义上两位皇太后并尊，实则两宫皇太后的名分、地位还是有先后、高低区别的，母后皇太后先于圣母皇太后。这种尊封依据，一是顺治十八年（1661）康熙帝即位后，尊先父皇后为母后皇太后，生母为圣母皇太后；二是早在咸丰二年（1852）十月，钮祜禄氏就被咸丰帝册为中宫皇后，其名分、地位理应在慈禧之上。

咸丰十一年（1861）七月二十六日，辅政八大臣拟定新皇帝年号为"祺祥"。对此，《军机处上谕档》记载：

> 建元年号，业已恭拟，奉旨用"祺祥"二字，已于月之二十六日交片内阁矣。

诿内阁母后皇后及圣母均应尊为皇太后的谕旨

皇太后
圣母為
皇太后
母后皇后為
聖祖仁皇帝嗣位尊
894 會典內載順治十八年

皇太后所有應行典禮誌衙門敬謹查例具奏欽此
聖母應尊為
皇太后
母后皇后應尊為
上諭朕纘承大統
893 咸豐十一年七月十八日內閣奉

尊封載淳生母为圣母皇太后的上谕记载

年号"祺祥"二字可以简单地理解为"福祉吉祥"。

七月二十八日，辅政八大臣致函留京王大臣："建元年号奉旨用'祺祥'二字"，并于七月三十日公函送到北京。

母后皇太后

聖母皇太后允行本月初九日朕御極頒詔其以明年

為同治元年布告天下欽此

1300 咸豐十一年十月初五日內閣奉

上諭大學士周祖培奏建元年號可否更定一摺奉

母后皇太后

聖母皇太后懿旨建元大典昭垂萬世前經載垣等擬

進祺祥字樣�義重複本有未協兹據周祖培奏

請更正實屬關心典禮周詳慎重深愜

慈懷著命議政王軍機大臣恭擬同治二字進呈仰蒙

三八七

咸丰十一年（1861）十月初五日废止"祺祥"年号，改为"同治"年号的上谕

031

然而，令人想不到的是，"祺祥"这个年号仅使用了六十九天就被废止了，继而新的年号"同治"则开始使用。很明显，这是对以前辅政八大臣工作的否定以及工作痕迹的去除，这种微妙变化体现的心理是不能写进官方档案里的。咸丰十一年（1861）十月初五日的《咸丰同治两朝上谕档》有这样的记载：

内阁奉上谕：大学士周祖培奏建元年号可否更定一折。奉母后皇太后、圣母皇太后懿旨，建元大典昭垂万世，前经载垣等拟进"祺祥"字样，意义重复，本有未协。兹据周祖培奏请更正，实属关心典礼周详慎重，深惬慈怀。爰命议政王、军机大臣，恭拟"同治"二字进呈，仰蒙母后皇太后、圣母皇太后允行。本月初九日，朕御极颁诏其以明年为"同治元年"，布告天下。钦此。

按照上谕的意思，改"祺祥"年号为"同治"的原因是"意义重复"。而实际上，年号的改变意味着政治格局的改变，后人据此认为，"同治"这个年号暗含着两宫皇太后与皇帝共同管理、治理国家的意思。在这个含义里面，并不包括辅政八大臣，因为在此之前他们已经被定罪，清除出最高统治层，或被杀，或被赐自尽，或被发配。

咸丰十一年（1861）十月初六日，两宫皇太后以同治帝名义发布上谕，公布了以载垣为首的辅政八大臣的罪状：

将载垣等治罪的上谕

载垣、端华、肃顺，朋比为奸，专擅跋扈，种种情形，均经明降谕旨，示知中外。

至载垣、端华、肃顺于七月十七日皇考升遐，即以赞襄政务王大臣自居，实则我皇考弥留之际但面谕载垣等，立朕为皇太子，并无令其赞襄政务之谕。载垣等乃造作赞襄名目，诸事并不请旨，擅自主持；即两宫皇太后面谕之事，亦敢违阻不行。

御史董元醇条奏皇太后垂帘等事宜，载垣等非独擅改谕旨，并于召对时，有伊等系赞襄朕躬、不能听命于皇太后，伊等请皇太后看折亦系多余之语！当面咆哮，目无君上情形，不一而足。且每言亲王等不可召见，意存离间。此载垣、端华、肃顺之罪状也。

肃顺擅坐御位，于进内廷当差时，出入自由，目无法纪；擅用行宫内御用器物，于传取应用物件，抗违不遵；并自请分见两宫皇太后，于召对时，词气之间，互有抑扬，意在构衅。此又肃顺之罪状也。

在这道谕旨中，还对辅政八大臣之罪做出处理，派肃亲王华丰、刑部尚书绵森，迅即前往宗人府空室传旨，令载垣、端华自尽。肃顺著加恩改为斩立决，即派睿亲王仁寿、刑部右侍郎载龄前往监视行刑。御前大臣景寿，著即革职，加恩仍留公爵并额驸品级，免其发遣。兵部尚书穆荫，著即革职，加恩改为发往军台效力赎罪。吏部左侍郎匡源、署礼部右侍郎杜翰、太仆寺卿焦佑瀛，均著即行革职，加恩免其发遣。

铲除了辅政八大臣以后，两宫皇太后终于为垂帘听政的新政治格局打通了道路。当然，这个打击、铲除辅政八大臣，实现垂帘听政的计划是早有预谋的，因为辅政八大臣与两宫皇太后之间的合作不仅不愉快，而且还有很尖锐的矛盾，早在热河避暑山庄时就已经暗中开始了。

八月初一日，恭亲王奕䜣获准到避暑山庄叩谒咸丰帝梓宫，两宫皇太后与之密谋政变之事。然后奕䜣返回北京，为政变做好准备。

八月初六日，御史董元醇上奏折，请皇太后权理朝政、简亲王一二人辅弼。

八月十一日，两宫皇太后就御史董元醇奏折所请，召见了辅政八大臣，与辅政八大臣就垂帘听政之事发生了激烈争吵。辅政八大臣"晓晓置辩，已无人臣之礼"，端华、肃顺"勃然抗论，以为不可"。据《越缦堂国事日记》记载，当时"三人纠党忿争，声震殿陛。天子惊怖，至于啼泣，遗溺后衣"。他们认为："臣等系赞襄幼主，不能听命于皇太后，请皇太后看折亦为多事。"《热河密札》记载，辅政八大臣最后以"决意搁车"不办公的方式要挟两宫皇太后。由此可见，两宫皇太后与辅政八大臣之间的矛盾已不可调和。

九月初一日，同治帝为两宫皇太后上徽号：母后皇太后钮祜禄氏为慈安，圣母皇太后叶赫那拉氏为慈禧。

九月二十三日，咸丰帝梓宫从避暑山庄启运回京。同治帝和两宫皇太后只护送梓宫一天，就以皇帝年幼、两皇太后为年轻妇人为名，走近路小道先行赶回京师。

九月二十九日，同治帝奉两宫皇太后回到北京。两宫皇太后召见恭亲王奕䜣等，密谋逮捕辅政八大臣。

九月三十日，两宫皇太后发动政变，宣布辅政八大臣罪状，下令逮捕。

十月初一日，两宫皇太后任命恭亲王奕䜣为议政王、军机大臣，军机大臣文祥等王大臣奏请两宫皇太后垂帘听政。

十月初六日，诏赐载垣、端华在宗人府空室自尽，肃顺处斩，革去景寿、穆荫、匡源、杜翰、焦佑瀛职务，穆荫发往军台效力。

因发生政变的咸丰十一年（1861）为农历辛酉年，故称为"辛酉政变"。又因新皇帝的年号曾为"祺祥"，因此也被称为"祺祥政变"。实质上，这次皇室与朝廷大臣之间的斗争，是皇权高度集中的又一次具体体现。

当年的十月初九日，年仅六岁的载淳在紫禁城太和殿举行登基大典，是为同治帝。当时因为皇帝年龄太小，朝政暂由两宫皇太后掌管。咸丰十一年（1861）十一月初一日举行了第一次垂帘听政，地点在皇宫养心殿东间。自此，大清国开始了有史以来的第一次皇太后垂帘听政。

二、大婚并亲政

两宫皇太后垂帘听政后，尽管同治帝学习不是很好，也不大用功，但对于此时正沉浸在获得权力喜悦中的慈禧来说，她并不关心同治帝的学习好坏，她巴不得同治帝永远不要长大，永远学习不好，因为只有这样，她才可以理所当然、心安理得地一直"垂帘听政"下去，一直掌握朝廷大权。可是，大自然自有万物生长的法则，时间不会中断停止，只要健康，再小的孩子也会慢慢长大、成熟，同治帝也不例外。因此，最让慈禧担心的同治帝亲政的日子早晚都是要来的。

同治帝的老师有祁寯藻、李鸿藻、翁同龢等，当时称老师为"师傅"。同治八年（1869）三月初八日，同治帝的师傅翁同龢在《翁同龢日记》中写道：

> 是日，上开笔作论，膳后功课全撤，惟留上生书而已，题为"任贤图治"。上从容挥洒，论曰："治天下之道，莫大于用人。然人不同，有君子焉，有小人焉，必辨其贤否，而后能择贤而用之，则天下治矣。"写毕不过四刻，诸臣窃喜忭，是真初见圣章第一篇矣。

《同治帝游艺怡情图》轴

"同治御笔之宝"宝文

"同治御笔之宝"印

通过以上记载可以看出，这段时期，同治帝在学业上开始有起色。在此之后，同治帝的学习成绩虽然时好时差，但总的来说还是进步较快的，并在同治九年（1870）开始学习读奏折。

按照顺治帝、康熙帝亲政的先例，亲政前先是大婚，之后亲政。于是，同治八年（1869）二月初九日，两宫皇太后大选秀女，并任命恭亲王奕䜣、户部尚书宝鋆会同内务府大臣、工部堂官开始筹备大婚事宜。

然而到了同治九年（1870）十一月，在两宫皇太后两次召见恭办同治帝婚事大臣之后，同治帝的大婚却被无限期地搁浅了，没有了下文，其原因尚不明了。

当时间来到同治十一年（1872），同治帝已经十七岁，婚事不能再拖了，于是两宫皇太后决定为同治帝立后选妃。同治十一年（1872）二月初三日，两宫皇太后正式宣布为同治帝选定了一后、一妃、二嫔、一贵人共五人。

同治十一年（1872）九月十五日，正式举行同治帝大婚礼。九月十九日，为了进一步拉拢人心，以皇帝大婚礼成为名，两宫皇太后对亲支近派及重要大臣大加封赏，以示皇恩。

古时，有男子"成家立业"之说。对于同治帝而言，大婚就意味着他已是成年男子汉，可以躬亲朝政、处理国家政务了。因此，皇权就要回归皇帝手中，而皇太后也将撤帘归政，回归本来应该属于自己的后宫生活。于是在同治帝大婚后不久，两宫皇太后发懿旨为同治帝亲政做准备，同时，同治帝也开始正式参加国家重要祭祀典礼。

同治帝便装像

《清实录·穆宗毅皇帝实录》记载皇太后发布同治帝即将亲政的懿旨

同治十一年（1872）九月二十日，《穆宗毅皇帝实录》有这样一段
记载：

> 又奉懿旨：本日已降旨，令钦天监于明年正月内择吉举行皇
> 帝亲政典礼，因念坛庙大祀，典则崇隆，皇帝尤应躬亲致祭，以
> 严对越而昭敬诚。著自本年冬至大祀圜丘为始，皇帝亲诣行礼，
> 所有一切应办事宜，著各该衙门敬谨豫备。

当天，两宫皇太后依旧以同治帝大婚礼成为名，再次对朝臣及蒙
古王公均广恩封赏，以示皇恩浩荡。

同治十一年（1872）十月初一日，经过钦天监择吉，定于明年正月二十六日举行同治帝的亲政大典。

同治十二年（1873）正月十六日，规定了同治帝亲政后王大臣与两宫皇太后朝见的日期和方式，"本月二十六日亲政以后，凡遇慈安端裕皇太后、慈禧端佑皇太后万寿及元旦令辰并一切庆典，应行呈递如意之王大臣等，均著照旧于两宫皇太后前呈递"。而这种规定，无疑为皇太后继续幕后掌控朝政提供了法律依据。

同治帝《祝万年图》轴

恭賀
慈禧端佑康頤皇太后四旬
萬壽聖節詩

懿訓承丹宸
垂簾十二秋遵循心翼翼數布政優優梅嶺春芳早奠階瑞靄浮龍裳懽舞綵
鳳紀喜添籌風送仙韶麗雲開曉仗稠嘉祥羅禁籞盛會駕瀛洲純嘏惟
天賜和光與德游鵷班聯劍佩象譯達共球彩煥三星朗
恩濃六幕周思齊追雅詠多福冠箕疇
灑翰情常適
含飴願定酬
仁慈延鶴算
惠澤罙鴻猷洗甲隅平砥由庚化速郵桃筵伸孺悃
萱蔭迂洪庥覆幬乾坤大恆卄日月倖捧觴同獻
壽歡樂萬方謳

子臣載淳敬書

同治帝书《恭贺慈禧皇太后四旬万寿圣节诗》轴

同治十二年（1873）正月二十五日，即同治帝亲政的前一天，皇太后解释了垂帘听政的原因，并要求"王大臣等，允宜公忠共矢，勿避怨嫌"，以及"其余中外大小臣工，亦当恪恭尽职，痛戒因循，宏济艰难"，继续尽职尽责地辅佐皇帝共渡难关、治理国家。之后话题一转，则要求皇帝不忘古训、祖制，行政用人"得有遵循"，并且还需要继续学习，不仅文化课要学习，就是"肄武习劳"，皇帝也要"次第兼习"。除了说明同治帝不能因为亲政就放弃学业外，也给自己日后幕后干政预先留下了伏笔。

同治十二年（1873）正月二十六日，同治帝率王以下大学士、六部、九卿到慈宁门行庆贺礼。之后升御太和殿，王以下文武大臣及官员行朝贺礼，同治帝发布亲政谕旨，表明自己的态度，即亲政后会做到皇帝应该做的一切事情，敢于担当和勇于担当皇帝的职责。

当时同治帝十八岁，已经不是小孩子了，因此对于亲政前慈禧所发布的懿旨含义，心里也明白是怎么回事。而此时，慈禧对历朝皇太后颐养天年的慈宁宫已不感兴趣，想找借口从养心殿搬到乾清宫。对此，清人文廷式在《文廷式集》中有这样一段记载：

> 同治朝，大婚之后，慈禧太后面谕军机大臣云："大难既平，吾姊妹辛苦久，今距归政不远，欲择日遍召大学士、御前大臣、六部、九卿，谕以宏济艰难之道，惟养心殿地太迫窄。"言至此，恭亲王遽对曰："着。慈宁宫是太后地方。"太后遂止不语。后亦竟不遍谕大臣。盖后意欲御乾清宫，恭邸窥其意而先为讥谏也，其机警如此。此事徐荫轩、李兰荪两师并为余言之。

　　慈禧见王大臣对自己的想法不配合、不支持，于是后来决定搬到圆明园居住。圆明园由圆明园、万春园、长春园三个园林组成，占地面积五千多亩，周围二十余里，历经清朝一百五十多年的营建，有一百余处建筑风景，其中仅圆明园一处就有四十景，集中了中国园林艺术的精华，享有"万园之园"美称。可叹的是在咸丰十年（1860）九月初五日，圆明园被万恶的英法联军抢劫后放火焚烧，只剩下一片凄凉的残墙碎瓦。因此，皇太后要是搬到这里居住，休养身心，圆明园势必要重新修整复建，国家必然要花大笔银子，只是国库空虚，在财政上根本没有能力支付这笔经费。很明显，这是慈禧故意刁难同治帝，令他执政伊始就骑瞎驴、出乱令，以此引发朝臣反对，自己好借机再次登场收拾残局。

圆明园大门，绮春园宫门

鸟瞰圆明园全景

　　同治帝虽然年轻，但也明白这个简单的道理，对于当时的国家财政现状，同治帝心里也清楚，但是开弓之箭无法回头，只能前进，因为他也想借此时机尽快摆脱皇太后对他执政的干涉。于是，同治帝以"娱亲"为由，下令重修圆明园，申明仅修复圆明园中的重要部分建筑，如皇太后居所及皇帝办理政务的宫殿。为了解决资金困难问题，同治帝想出了一个不是办法的办法，那就是要求王公大臣及各地官员自发捐款报效。

　　同治十二年（1873）九月二十八日，同治帝将自己的这一想法付诸实施。对此，《晚清宫廷实纪》上记载有同治帝这样一段谕旨：

《圆明园图咏册·镂月开云》

圆明园铜版画《海晏堂西面》

朕念两宫皇太后垂帘听政十一年以来，朝夕劳惕，倍极勤劳，励精以综万几，虚怀以纳舆论，圣德聪明，先被四表，遂致海宇升平之盛世。自本年正月二十六日，朕亲理朝政以来，无日不以感戴慈恩为念。朕尝观养心殿书籍之中，有世宗宪皇帝御制《圆明园四十景诗集》一部，因念及圆明园本为列祖列宗临幸驻跸听政之地，自御极以来，未奉两宫皇太后在园居住，于心实有未安，日以复回旧制为念。但现当库款支绌之时，若遽照旧修理，动用部储之款，诚恐不敷。朕再四思维，惟有将安佑宫供奉列圣圣容之所及两宫皇太后所居之殿，并朕驻跸听政之处，择要兴修，其余游观之所概不修复。即著王公以下京外大小官员量力报效捐修。著总管内务府大臣于收捐后，随时请奖，并著该王大臣等核实办理。庶可上娱两宫皇太后之圣心，下可尽朕之微忱也。特谕。

果然不出慈禧所料，在国家艰难时期重修圆明园这样大工程的谕旨一发出，立刻引发了朝野关注和非议，并有御史沈淮上奏请暂缓修建圆明园。

收到奏折后，同治帝给予解释说，国家虽然目前很艰难，但皇太后为我掌管朝政十余年，极为辛苦，却没有称心的安养之所，我心里很是不安，我这才令总管内务府大臣想办法"捐修"，以此来让皇太后颐养天年。因为知道国家财力艰难，所以才会以节俭为前提，只是有选择地修缮几处供皇太后安养和自己办公的建筑，并且不会修建很豪华的。

同治帝的初衷是好的，而且有王大臣为此项工程捐款，修建工程

也开工了。意想不到的是，这项为皇太后提供休闲居所的工程被人利用了，最后歪打正着让工程停了工。原来，候选知府李光昭以报效木植为名，勾结美、法两国商人，虚报采办修建圆明园木料价格，以此从中获利。同治帝震怒之下，于同治十三年（1874）七月初六日，将李光昭革职，交李鸿章严行审究，照例惩办，并于当年七月二十九日下令停止圆明园的一切建筑工程，改为修三海①建筑。

由于同治帝一意强行推进重修圆明园工程，恭亲王奕䜣又是强烈反对者，因此同治帝与恭亲王奕䜣发生了直接冲突。同治帝在盛怒之下，将奕䜣"革去一切差使，交宗人府严行管束"，后改为"革去亲王世袭罔替，降为郡王；并载澂革去贝勒郡王衔"，由于皇太后的出面干预，奕䜣又恢复了原职。对此，同治十三年（1874）八月初一日的《穆宗毅皇帝实录》有这样一段记载：

> 谕内阁：朕奉慈安端裕康庆皇太后、慈禧端佑康颐皇太后懿旨。皇帝昨经降旨，再恭亲王革去亲王世袭罔替，降为郡王；并载澂革去贝勒郡王衔。在恭亲王于召对时言语失仪，原属咎有应得。惟念该亲王自辅政以来，不无劳勚足录。著加恩赏还亲王世袭罔替，载澂贝勒郡王衔一并赏还。该亲王当仰体朝廷训诫之意，嗣后益加勤慎，宏济艰难，用副委任。

---

① 指位于北京城内故宫和景山西侧的北海、中海、南海，合称三海。

恭亲王奕䜣晚年照

　　通过这件事情，同治帝认识到，自己虽然是皇帝，但是有些事情并非自己能做主的。同治帝是聪明人，他深知慈禧的懿旨不能反对，要想获得她的欢心，只有顺从她的懿旨办事，才有可能让她减少干政。由此可见，虽然同治帝的处理方式有些简单粗暴，但也暴露出同治帝亲政后慈禧仍旧干预朝廷政务这个问题。

　　性格刚强、年纪又轻的同治帝"不欲以国政关白慈禧"，这在无形中增加了同治帝与慈禧之间的矛盾，而在矛盾积累中，也为同治帝之死以及慈禧不给同治帝立嗣埋下了种子，只不过最后的胜利者是以哭代笑再次以"垂帘听政"方式重新登上政治舞台，而同治帝则因天花

而死记录在史册上。因此，在一定程度上似乎可以这样说，同治帝的大婚和亲政，并没有真正摆脱慈禧对他的影响和干预，在自卑、高压的"影子"生活中，他忍耐、忍耐再忍耐，直到忍无可忍。而这一切，给同治帝的过早死亡提供了条件。同治帝披着病死的外衣死了，但明白人都清楚，同治帝死得有点冤，有点委屈。因为他不应该这样过早地死去，他生前多么想自己掌握权力，干一番属于自己的帝王功业。可惜，历史已经不给他这个机会了。等待他的，就是清东陵内那座历尽艰辛、饱经苦难的安息之所——惠陵。

第三章

发现惠陵密码

同治帝生前没有选择万年吉地，营建自己的陵寝，如今他死了，为他择定万年吉地的事情自然要提上议事日程来，最终他的陵寝被选在东陵风水墙内的双山峪。建成后的惠陵，虽然缩减了规制，却因既违反祖制又遵循祖制而有自己的特色。

一、钦定陵址内幕多

同治帝虽然在名义上当了十三年皇帝，但在生前却没有选择自己的陵址，更没有营建自己的陵寝，其原因有两个：一是当时国库空虚，没有银子；二是同治帝很年轻，皇帝的权力受到皇太后的制约。但不管怎么说，现在同治帝死了，无论经济再怎么困难，也要建陵安葬皇帝。因此，为同治帝营建陵寝成为当时最重要的大事。于是，为同治帝选陵址、建陵寝的事就责无旁贷落在了两宫皇太后的身上。

同治十三年（1874）十二月十四日，即同治帝死后的第十天，两宫皇太后派出了醇亲王奕譞、魁龄、荣禄、翁同龢为相度大臣，会同恭亲王奕䜣，在东陵和西陵两地为同治帝选择陵址。

这些大臣接到皇太后的懿旨后，不敢怠慢，立即从朝廷各部院衙门及全国挑选出五名精通风水的官员，这些官员是礼部郎中张元益、四品衔候选同知李唐、四品衔刑部员外郎高士龙、从九品李振宇、金分湖北试用知县廖润鸿。然而，仅有风水官是不行的，还需要有为勘选风水时做计算和绘图的技术人员跟随，于是又从样式房选择了数名精干的样子匠一同前往东陵和西陵相度吉地。

如何勘选风水呢？勘选风水是一门很深的学问，俗称风水术。中国传统风水术在漫长的发展中，根据它们理论的核心取向和具体操作手法，分为形势宗和理气宗两大流派。形势宗选择陵址的标准是，考察自然地理和环境景观等各方面条件，来评价地理形势上的龙、砂、水、穴等风水形势的要素；理气宗选择陵址的标准是，通过占星、卜

道光朝时期绘制的东陵地势图

筮、阴阳八卦、五行生克，以及卦理、命理的相生相克来确定建筑方位风水的凶吉和兴建时辰。形势宗在实践理论上丰富多彩，在科学、美学方面也有价值，是风水术的主流；理气宗则包含了过多的原始巫术和占术成分，大多流传于民间江湖术士之间，因此被认为是一种迷信愚昧的骗人把戏。

既然风水术是中国古代建筑规划选址的一种专业理论，是否有科学价值呢？

经过研究和分析发现，风水术这一传统文化，既有糟粕，也有精华之处，有它自身的科学性和道理。糟粕之处在于风水术中关于"吉凶祸福"的说法是没有科学道理的。比如说，有人患病或者财运不佳或者官运不通，就认为祖上阴宅或住宅不好，需要找风水先生进行化解；风水术中关于"阴阳五行、河洛八卦"等思想是牵强附会的说法，无法自圆其说。从哲学上说，"阴阳五行、河洛八卦"是将人的生老病死等事情与所居住环境捆绑在一起，是理气宗判断山和水流之间吉凶关系的理论。比如说，人迁新居或者生育等出现问题了，都说与这些有关系，即所谓的不吉或不利。所以有些人搬家或者婚丧嫁娶，往往要找良辰吉日，并举行一些仪式，这些其实是没有科学道理的。而风水术中的精华在于其所描述"吉壤"和秀丽的风景都是符合科学道理的。即人们生活在山清水秀的环境中，土壤肥沃，空气质量好，阳光充裕，避风避水。优美的环境能使人保持好的心情，有益健康。风水术中要求建筑与环境保持视觉美，让人看着心里舒服，具体体现在均衡美、动态美、意境美、和谐美和韵律美。选择向阳、避风、躲水的地方在生活和安全上是非常需要的、应该的。

清朝皇帝勘选陵址是以中国传统风水理论为依据，以形势宗为主，理气宗为辅，刻意追求"龙穴砂水无美不收，形势理气诸吉咸备"的山川形势，以此达到"天人合一"的意象。所谓"天人合一"，即建筑的人文之美与山川形胜的自然之美水乳交融、和谐统一。"天人合一"观念是中国古典哲学的根本观念之一，是最高境界的宇宙观，也是一种审美理念，还是中国文化文明的核心主题，它阐述了人与自然不可分离的必然关系。按照这个基本原则，一般来说，考察风水、确定陵址的程序，基本分为以下五个步骤。

1.确定考察备选地点。通常由当地官员和风水师推荐或参考以前的选址记录档案，初步确定之后，再由相度大臣带领风水官、样子匠共同到现场勘察。

以上做法很重要，不仅可以减少考察的时间，还可以降低考察成本，提高办事效率。因此，这种通常的做法，现在也值得借鉴推广。

2.按照风水理论，对考察地点进行生态和景观环境的评估。首先，所选地点要有一个良好的外部生态大环境，无论宏观还是微观、总体还是局部，都要全面仔细考察。这种做法称为"寻龙捉脉"，即所选地点与附近较大山脉要有关系。如在东陵所选地点必须与昌瑞山、雾灵山的关系清楚明白；西陵所选地点要与永宁山、太行山的关系清楚明白。其次，对所选地点的周边风水形势和局部小生态环境的综合考察。这里说的生态小环境考察，包括地点的龙、砂、水、穴等主要因素，以及地面的水、土、植被等情况。对这些息息相关的诸多信息，不仅要有景物的形势记载，还要有空间关系的描述，以及所属河流来源、聚合、走向的详细记载和评价。

以上所说告诉我们，选择一个有山有水、风景秀丽和周围没有危险的安居场所很重要。有一些山势凶险、水流湍急，土壤含沙石多的地方，是不适合人类居住和生活的。同样道理，这样的地方也不适合作为人死后的阴宅。

3.对所选地点进行风水格局的"点穴""立向"。"点穴"中的"穴"是指这座陵寝建筑群中最为核心的位置。它用来确定将来陵寝地宫所在的位置，也是整座陵寝建筑群的施工基准点。"立向"中的"向"又称"山向"，是指确定靠山、案山和朝山的朝辑关系，同时也是确定整座陵寝建筑群的中轴线位置。"点穴"和"立向"，即在陵区范围内，确定山川形势与建筑布局的景观关系与均衡。样子匠要清除地面上的杂草和灌木，然后用木桩和白灰将风水官所点的"穴心"和确立的"山向"做好标记。再以"穴心"为原点，沿"山向"建立正交坐标，画出一个正交坐标系，称"天心十字"。然后根据"穴心"与四周山脚或山沟或河流之间的距离测出数据，详细画出"穴心"的风水形势图，并写出专门的地势略节文字说明，交给相度大臣审查并留作档案。由于风水官不同，其所选定的"穴心"和"山向"也不尽相同，样子匠对于不同风水官所选定的"穴心"和"山向"都要用木桩和灰线做好标记，并测量和记录。

以上告诉我们，一座好的建筑需要与周围环境搭配合理，建筑的位置也要有所规划。只有先确定好了建筑方位和位置，才能开始动工营建，所以这些都是开工前必须考虑的问题。我们平常建筑，也是这么做的，其原因就是找个合理的、科学的建筑位置和朝向。

4.对所选地点的地质与建筑规制的体量做出评估，即样子匠根据陵寝规制，用白灰在地面上标出将来需要建的主要建筑的位置和轮廓大小。由相度大臣、风水官和样子匠再到现场，查阅所标的志桩和灰线是否符合标准要求，样子匠重新测量地形地势，测量各个主要建筑之间的大致距离，对主要建筑所在的区域进行地势高差的抄平[1]，甚至还要测量案山与所选"穴心"地平的高差。如确定的区域内，是否能容得下这些建筑；建筑的堂局是否与所在区域的堂局有景观影响，如果有影响，是否能通过修改规制或调整建筑形体与布局来变通；等等，以此来评估地质对建筑规制以及施工量大小的综合全面的评价。其过程相当复杂、烦琐，但也是特别重要的一个环节。

以上做法就是要求建筑的大小要与周围环境合理搭配，做到人工建筑与大自然山势、地形之间比例协调，完美结合，天地人合一。

5.绘图帖说。等考察所选地点符合风水景观格局和建筑设计要求后，样子匠就要根据考察地点勘察的记录和测量数据，有针对性地选出备选地点，绘制出详细的风水形势图，上呈皇帝或皇太后审阅。相度大臣经过反复比较权衡，选出若干较好的地点，分为"上吉""中吉""下吉"等不同等级，再由样子匠精心绘制成大幅风水形势图，以供御览。这些风水形势图包括整个东陵和西陵的风水形势图和各个备选地点位置的关系图，还有备选地点的各自风水形势图。备选地点的风水形势图上，用黄签分别注明各位风水官所选定的"穴心"和"山向"，

---

① 指对施工对象的标高及平直度进行检查、调整和测设，以满足规定要求的工作。

以及以此为准的实际测量的堂局尺寸。而风水官则需要将实际踏勘备选地点的风水评价写成正式的"某某吉地说帖",最后由相度大臣将这些风水形势图和"某某吉地说帖"上奏皇帝或皇太后御览。

根据考察结果和测量数据,挑选出几处备选的风水吉地,将之分出上、中、下三等,提供给皇帝或皇太后。在选择皇陵风水地上,惠陵的实际情况则由两宫皇太后当家,最终使用哪块风水地,她们说了算。

由于风水流派不同,甚至同一流派中不同的人,对同一处风水地的看法也可能不尽相同。比如为同治帝选陵址的风水官员分属两派,张元益、李唐、高士龙、李振宇为形势宗,廖润鸿为理气宗。因此在实际勘察中,不仅会出现不同看法、不同观点,有时还会出现相度大臣的个人看法与风水官的看法不一致的情况,如在勘察西陵九龙峪时,五位风水官选定的吉地穴位与翁同龢看法就不一样。五位风水先生认为:"寿星山者,青脉最高处也,曲折起伏,如画如活。"算得上是一块风水宝地。但翁同龢则认为:"此地开张处护沙皆到,亦分两成,穴星及向皆合为一……在沙角稍后相得园寝地一区,留待地一区无甚气,多石,稍前,幸只五尺耳。"

光绪元年(1875)正月十三日,相度大臣带领风水官员和司员、弁兵、吏役等人考察了东陵的成子峪、松树沟、宝椅山、双山峪、侯家岭、长梁子等五个地点,正月二十五日回北京。又于光绪元年(1875)正月三十日勘察西陵,先后看过九龙峪、酸枣沟、丁家沟、莲花池、荷玉沟、凤凰台、龙凤山、五公山、洪崖山等九个地点,二月十五日回北京。凡遇有上吉地点,都要绘图帖说,准备回京请示皇太后训示钦定。

在两个月时间内，恭亲王奕䜣等人带领着风水官们在东陵和西陵界内收集和整理了所踏勘地点的相关资料和信息，样式房两次将备选地点图样、略节上呈给醇亲王奕譞及各位相度大臣。

奕䜣画像

又经过对多个地点的严格挑选和认真比较，醇亲王奕譞等人最终确定了东陵的成子峪、双山峪和西陵的九龙峪（后因选定为光绪帝万年吉地而改名为金龙峪，最后建成光绪帝的崇陵）三处，绘图帖说，并拟由相度大臣将所选地点的优缺情况详细写成奏折，于光绪元年（1875）正月二十九日和二月十九日一并呈报给两宫皇太后。

光绪元年（1875）二月二十一日，慈禧召见了恭亲王奕䜣、醇亲

王奕譞等相度大臣。醇亲王奕譞将勘察过程详细向两宫皇太后作了汇报。大意是说，相度大臣先到东陵，率熟悉风水的官员，按照马兰镇总兵呈上的堪舆图仔细察看各备选地点，发现双山峪地势宽平，而成子峪堂局严密，这两处都适合建陵。至于东陵其他地点，如松树沟、宝椅山、侯家岭等，经风水官察看，不是堂局与周边山川地理照应不够，脉气不足，就是地势狭隘，方圆尺寸不大，都不适合建陵。然后又到西陵，察看了九龙峪，发现气局严整，适合建陵。五公山、洪崖山两处地势经实地考察，均不满意。丁家沟、酸枣沟、莲花池、龙凤山等处，经风水官察看，堂局散漫无脉气，或者地势狭隘，尺寸不够，都不适合建陵。最后，经过样子房、算房人员实地丈量地形，大家认为东陵双山峪、成子峪和西陵九龙峪等三处是建陵的上佳吉地。相比之下，西陵九龙峪的吉穴方向不错，而东陵双山峪、成子峪两处吉穴方向稍有偏差。现将考察情况上呈，请两宫皇太后定夺。

据《样式雷图档·样式房日记随工》记载，醇亲王奕譞恭呈两宫皇太后的三处备选地点的风水说帖如下：

1.关于东陵成子峪的风水说帖有三个。

（1）李唐、李振宇两人认为：

> 又仰瞻得成子峪本系雾灵山一脉所结，自琉璃屏直脉黄花山，过峡复起，层迭而下，束气起项，形势端庄，神情隽秀；左右龙、虎砂护从而结，两边近水环绕于穴前，可作辛山乙向。前有蟠龙岭为近案，远有大山为拱朝，此亦上吉之地。

（2）张元益、高士龙两人认为：

　　又仰瞻得大西河西成子峪，由琉璃屏分支，至大杏花山起祖，过峡又起天财星，落脉结穴。谨查《同治五年恭看万年吉地》，瞻仰"得成子峪龙旺穴真，因不与定陵一脉，且在大西河以西，将来神路极难会合"等情，呈明在案。此次周历详审，山势浑厚，堂向严密，护砂环抱，前有蟠龙岭为近案，明堂水会丑艮方，宜立辛山乙向丁卯分金，亦上吉之地。

（3）廖润鸿认为：

　　瞻仰得成子峪，自黄花山过苇子峪，起杏花山开大帐，中出一脉，过峡乾龙入手，再起贵人大坐，形杞梓枝行龙，以上均本旧说。再起山顶乾兼戌，下脉酉兼庚，束气均合一生一成之数。穴山系卧地木星，气势雄伟，堂局严谨，本身生出二砂紧抱。拟取木星葬，节以"穿山七十二龙"分金，立辛山乙向微偏酉卯分金。以地平圈每方十五度论之，坐山系辛方七度，向首系乙方七度，坐□卦九四爻八运之三，向节卦六四爻八运之七；来脉收在辛字，小过卦三运之八；内明堂水交辰出巽，当兑卦一运之四；外明堂水出龙门口。向与龙三八合生，成七八合十五，而向上节卦又系水口兑卦所变，所谓"六秀遍三吉"也，实属上吉之地。惟此地与上元运不合，且本年三煞，占山不便兴工。若改作辛乙兼戌辰，以合上元气运，亦系三煞，占山又与大行皇帝年命不符，未敢冒昧。

2.关于东陵双山峪的风水，这些风水大师也各有自己的看法，他们的风水说帖分别是这样表述的：

（1）李唐、李振宇两人认为：

仰瞻得东陵龙脉来自雾灵山，至琉璃屏分支为三枝，中枝结聚土星，名曰昌瑞山。面朝一大金星山，仰见五行相生、天地相朝之象。随龙水自乾方而出巽位，当中以水为界，分为左右阴阳，合全局观之，是天生太极，有生生不息之机。观其从昌瑞山之左分枝下脉，连结九穴。至玉顶山，复起顶下脉，旋转有力，过峡玲珑，来气清纯，直到双山峪，复起顶，层叠而结。左右砂水护从，内水绕抱于吉穴前，会左水于巽方，而出水平口。又转金星山外会孝陵以右诸水，出兴隆口，同归蔡家庄，入蓟河。可作癸山丁向，后有大山以为靠，前有金星山以为照。而金星之两旁，更有万福山立于左，象山立于右，此天然之大局，正得上当令之气，为亿万年绵长之兆，是真上吉之地也。

（2）张元益、高士龙两人认为：

谨瞻仰得景陵之东南双山峪，由昌瑞山分支，起伏停顿，至玉顶山起祖，过峡曲折九节，又起少阴金星，落脉结穴，龙气舒展，堂局宽平。左青龙砂自本身分出，端正拱向，拦水聚气；后龙大溪水缠流砂外，与明堂水相会，会处有金水长山，横列关锁；右白虎砂山自本身分出，平静纡缓；前有玉带随案，案外西南有天台、象山等山为侍从，东南有石门、三角等山为护卫。朝对金星大山，罗城周密，屏幛全备，随龙众水俱由右到左，会绕穴前，出辰巽方，宜立癸山丁向丙子丙午分金，诚上吉之地。查玉顶山迤北，为宝华峪，山下有东西车道，关碍风水，将来应斟酌修改。

（3）廖润鸿认为：

谨瞻仰得双山峪，从昌瑞山下脉至玉顶山后过峡，形如蜂腰鹤膝，子兼癸未。脉至玉顶山前，亥字下脉，经过数节，均合一生一成之数，至穴山之来山后，又过一峡，成工字形，正当丑字偏癸，来山前束颈吐脉，正当甲子偏寅，亦均合一生一成之数。此《宝照经》所云："三节不乱是真龙也。"穴山系太阴金体，城部周全，气局宽广；昌瑞山以东之水均会穴前，前面有玉带案关拦，下砂回抱，于元辰水合成三叉，出巽兼辰字，行至十余里，至大滩河前韩家庄，与鲇鱼关来水合成三叉，出辰向乙，至水平口出，此全局之大势也。因金星山在对面，不甚吐秀，未便朝向，谨遵《钦定协纪辨方书》，以"穿山七十二龙"正针分金，立癸山丁向略丑未分金，令玉带案卫穴。以地平圈每方十五度论之，坐山系癸方八度，向首系丁方八度，坐屯卦九五爻四运之七，向鼎卦六五爻四运之三。收癸兼丑上益卦，来龙九运之二；收癸兼辰上兑、复二卦；去水一六运之四九，龙与向四九合生成。龙与水一九合十，九六合十五，向与水四六合十，一四合五。又收得昌瑞山在亥字晋卦三运之二，水平口在辰方归妹卦七运之八，三七合

十，三八合生龙，以上远近龙水，无一不合。而穴心一点，正是洛书中五位，极河图五十居中，亦即《天玉经》所谓"龙合向，向合水，水合三吉位"也。以此定向，气象冲和，局度端态，实属上上吉地。

3.关于西陵九龙峪的风水说帖有两个。

（1）张元益、高士龙两人认为：

谨看得九龙峪，自永宁山来龙，分出嫩枝，特起寿星山为少祖，体势尊严，开眉落脉，起伏顿跌，曲折九节而下，节节皆有护砂。中间过峡处，石曜森列，气象雄厚，到头开面，少阳结穴，太极晕现。蝉翼、牛角砂备，唇毡圆满，左右两水会于穴前，为阴来阳受之格，面有一字官星，系青龙砂，旺气拖出，平正秀丽，关锁内气。后有大青山开嶂列屏，左有凤凰山，右有白玉山，侍从拱卫，随龙众水交会明堂之前，出唇巽方，回环织结有情，所谓"水不乱湾，湾则气全"也。远山朝对，圆净整齐，水口日月捍门，罗星镇塞，局全气聚，龙厚穴真。宜立亥山巳向辛亥辛巳分金，诚上吉之地。

（2）李唐、李振宇两人认为：

仰瞻九龙峪龙脉，自大青山老干抽枝，起一金星，名曰寿星山，山中下一脉，开峥展翅，中下一脉，左旋右转，甚属有力，过峡束气，俱为清纯，层叠起伏九节，而节节皆有护砂，结穴开面，太极圆晕，蝉翼砂护左右，两大砂包护于外，随龙水生于本身两泉，正合洛书之法，曲折归巽方，入九龙滩，可作亥山巳向。穴后有大青山大开其帐，左有凤凰台，右有白玉山侍立寿星，俨然铺弼也。穴前有一小山，两水相交于内，远有元宝山朝拱有情。亦上上之吉地也。

虽然这些风水说帖文字枯燥，非专业人士难以理解，但却为我们研究惠陵风水提供了第一手珍贵资料。东陵双山峪之所以最终能成为同治帝的万年吉地，都是这些风水说帖夸张描述的功劳，因此罗列出来，供有研究风水雅兴的人分享。

在推荐备选的三处吉地中，虽然风水都是上吉，但是它们的地势却有所不同，其中成子峪的地势整体高差大，土质稍差，石头多，地形也复杂，而且成子峪还处在西大河以西，如将来陵寝神路与孝陵神路相会，就要在西大河上建造一座九孔大石桥，不仅施工难度大，工程造价也会因此增加。堂局较狭窄，最宽的地方只有二十丈，与规制不符。而当时，国家财政很紧张，不仅有内外的正常开支，还有慈安陵和慈禧陵两处吉地的兴工开支，缺少银子是兴建陵寝工程的最大困难。因此，只能在选择陵址时做出一些适当的牺牲，来换取工程开支的降低。以上三处备选吉地各有优缺点，要在这三处中选择一处，还真需要费些脑筋。后来通过反复的综合比较，东陵的成子峪这处备选吉地最终被放弃，其原因是，成子峪风水虽好于双山峪，但其建造成本过高。因此，同治帝的陵址只能在东陵的双山峪和西陵的九龙峪这

两处地点中选择。

对于到底选用东陵的双山峪还是西陵的九龙峪，慈禧最初也拿不定主意，就先征询相度大臣的意见。恭亲王奕䜣揣摩慈禧的心思，暗示其选择东陵的双山峪，言外之意就是可以使同治帝父子、母子相聚在东陵。《翁同龢日记》中有这样一段记载：

> 询两边地势，两邸奏对，语极多。恭邸语意偏主东边。且谓：以理，则九龙峪固佳；以情，则臣下不敢赞。圣意遂决，定双山峪。恭邸又奏三穴方位，下者偏，且对象山，不如金星之高耸，乞于两上穴指定一处。皇太后遂定中一穴。

翁同龢的这段日记意思是说，恭亲王奕䜣暗示慈禧选东陵的双山峪，并且解释说：按理，选九龙峪为好；按情，我不敢说。精明的慈禧立刻明白了奕䜣的意思，当即决定选用双山峪。恭亲王又奏双山峪的三处穴位，下处穴位不如之上的两处穴位，双山峪陵寝穴位可在以上两处穴位中选择一个。于是慈禧又选定了陵寝的穴位。

这里所说的"以理""以情"的含义，是向慈禧暗示"感情"比"规则"更重要。这里所说的"以理"，是指乾隆帝所确定的昭穆制度。按照昭穆之制，咸丰帝既然葬在了东陵，那么其子同治帝就应该葬在西陵，但是按照同治帝与咸丰帝、慈禧之间的父与子和母与子的感情来讲，同治帝还是葬在东陵更好，因为这样可以使娇儿在百年之后长依膝下。鉴此，慈禧决定打破昭穆相建的祖制，将同治帝的陵寝建在东陵，这样更符合人性，更能体现她与同治帝的母子感情深厚。因此，东陵的双山峪成为同治帝万年吉地的不二选择。

也许有人会问，恭亲王奕訢所奏的三穴方位又是怎么回事呢？原来，在踏勘双山峪时，五位风水官分别选定三组穴心和山向，张元益、高士龙两人定一穴，李唐、李振宇两人定一穴位，这两穴都是朝对金星山。廖润鸿另定一穴，穴位朝对象山，不如金星山高耸。所以恭亲王奕訢建议选朝对金星山的那两穴位。最终，慈禧再次采纳了恭亲王奕訢的建议。所以后来建的惠陵是以金星山为朝山的。

光绪元年（1875）二月二十二日，两宫皇太后就正式选定双山峪作为同治帝的万年吉地之事，特意颁发了一道懿旨：

> 双山峪著定为惠陵，即行择吉兴工。著派醇亲王奕譞、魁龄、荣禄、翁同龢敬谨办理。

将东陵双山峪确定为同治帝的万年吉地，对于其风水形势，相度大臣翁同龢有他自己的看法。他认为，"此系昌瑞山东趋一枝之脉，龙气稍弱，又非正落正结，止漫坡有洞而已，所幸雨水来汇，抱穴东南去，远山横带，颇为有情，然不如成子峪远矣。又看西双山峪相连，备他日之用。长梁子备妃衙门。侯家岭，皆不佳，即归"。

虽然双山峪作为同治帝的万年吉地并不是十分理想的选择，但毕竟确定下来了，其风水上的不足，日后也还是能采取人工填补方式给予完善的。权衡各方面因素，选用双山峪是正确的。我们可以设想，假如惠陵建在成子峪，处于定陵西南，其间有西大河相隔。西大河河宽水急，每年都暴发山洪，交通阻隔。即使建起九孔大石桥，也会多

被冲毁，给在陵上当差的官弁兵丁、差役带来极大不便，并给后来去惠陵谒陵、祭陵带来很大困难。由于这是慈禧为母子私情而违背祖制确定下来的，因此引起了很多谨守礼法之人的不满，但他们敢怒不敢言，于是就在社会上散布谣言。

谣言一：光绪元年（1875）三月二十三日，《翁同龢日记》上有这样的记载：

> 讹言东陵掘得石碣，有谶文，即指吾等所测量之处而言，可恶可恨。

谣言二：光绪元年（1875）四月初六日，《翁同龢日记》中记载惠陵工地上有人发现一张朱砂笔书写的黄纸，上面有三句话，每句话为七个字，其言语无非是说惠陵"秀贵皆无，砂势反张，末属偓佺云云"。

由此可见，清东陵的双山峪作为同治帝的万年吉地，当时还是面临一定社会压力的。然而，尽管社会上谣言不断，但却丝毫没有影响惠陵的营建。于是，惠陵在两宫皇太后的全力支持下，还是如期开工、施工和竣工。

二、简单却不凡的皇陵

光绪元年（1875）八月初三日，惠陵工程正式兴工，历经三年多，到光绪四年（1878）十月二十五日全工告竣。

据实地调查，惠陵的建筑布局由南往北依次如下：五孔拱桥一座、

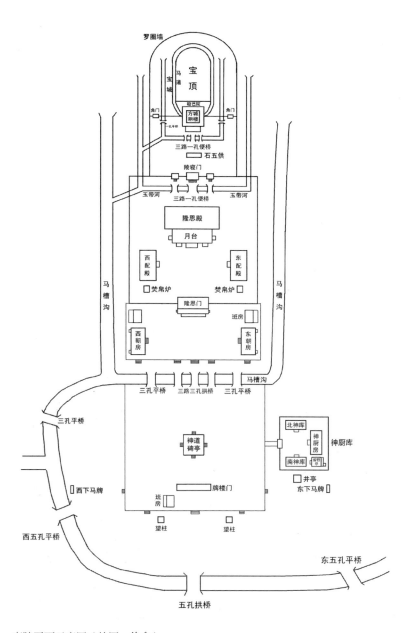

惠陵平面示意图（绘图：徐鑫）

五孔平桥二座、望柱一对、牌楼门一座、值班房一座（已无）、下马牌一对、神道碑亭一座、神厨库一座、马槽沟一道、三孔拱桥三座、三孔平桥三座（其中一座位于西侧南北向马槽沟）、东西朝房各五间、东西班房各三间、隆恩门五间三门、东西焚帛炉各一座、东西配殿各五间、隆恩殿五间、玉带河一道、便桥三座、陵寝门三座、石五供一座、玉带河一道、便桥三座（两侧另有便桥各一座）、方城一座、哑巴院一个、明楼一座、宝城一座、宝顶一个，宝顶下面是地宫。

惠陵神路起于牌楼门前大丹陛南边，止于哑巴院琉璃影壁下，未与孝陵神路相接，这是清东陵中唯一未与孝陵主神路相接的皇帝陵。

下面，简单介绍一下惠陵的这些建筑。

五孔拱桥。陵前的第一座建筑是一座五孔拱桥，二十四气式柱头。桥孔为石券，每个桥孔上方有吸水兽。五孔拱桥的东西两侧各有一座五孔平桥，但两座平桥与拱桥之间的距离较远，不是对称关系。

惠陵五孔平桥

望柱。五孔拱桥北约二百米处，左右各有一根青白石雕刻的望柱。每根望柱用石栏杆围绕，栏板和小望柱各四个，柱头为小狮子。值得注意的是，望柱与五孔拱桥之间没有修建神路。本来望柱与石像生是一组建筑，位于石像生南端。惠陵原设计方案设有一组石像生五对，后来因经费困难，裁撤了石像生，但一对望柱没有裁撤，保留了下来。最初望柱距五孔拱桥很近，后来因开槽时地下出水，只得向北移动。先后五次北移，地下都出现水，曾一度将一对望柱移到大丹陛之上（牌楼门南），仍有水。最后经醇亲王奕譞和另一位承修大臣恩承批准，决定将望柱建在大丹陛南六丈五尺即现在这个地方。又遵照恭亲王奕訢意见，仿照天安门前后华表围栏做法，在惠陵一对石望柱下增添石围栏。南二柱上的狮子头朝南，北二柱上的狮子头朝北。

牌楼门。望柱北面中轴线上是一座冲天式牌楼门，规制为五门六柱五楼。每根石柱上都有蹲龙。东三柱的蹲龙头朝西，西三柱的蹲龙头朝东。原来每个门都安装木门两扇。现在已无存。

值班房。牌楼门南面西侧的海墁上有一座值班房，坐西朝东，单檐硬山卷棚顶，面阔三间。专为看护牌楼门的官兵值班用的，早已毁坏无存。

下马牌。在牌楼门的东西两侧，牌身两面分别用满文、蒙古文、汉文三种文字雕刻"官员人等至此下马"，满文居中，蒙古文、汉文两种文字分居左右，字体大小一致。

神道碑亭，位于牌楼门以北的神路上，重檐歇山顶。亭内龙首龟趺上竖立神道碑一统，用满文、蒙古文、汉文三种文字镌刻着"穆宗继天开运受中居正保大定功圣智诚孝信敏恭宽毅皇帝之陵"二十七个字。值得注意的是，惠陵神道碑亭的碑身上并没钤盖（刻）嗣皇帝（印）"某某尊亲之宝"宝文。水盘四角的旋涡内分别雕刻鱼、龟、虾、蟹。

惠陵神道碑碑身

　　神厨库。在神道碑亭的东侧即左侧建有神厨库，内建神厨一座，面阔五间，单檐悬山顶。南北神库各三间，单檐悬山顶。东南角建省牲亭，重檐歇山顶，环以围墙，围墙西侧建门楼一座。现在南北神库已无存。神厨库南墙外为井亭，四角攒尖顶。现亭已无存，仅存井一眼。

惠陵神厨库之神厨

　　三路三孔拱桥。神道碑亭北有马槽沟一道，上建三路三孔拱桥一组，栏杆为龙凤柱头。每个拱券式桥孔上方都设有吸水兽。三路三孔拱桥两边各建三孔平桥一座，每座平桥都安设栏板。

　　三孔拱桥的桥北为大泊岸，泊岸前有垂带踏跺（台阶）五座，正中间的踏跺较大，两侧的踏跺较小。每座踏跺分别对着马槽沟上每座桥。

惠陵省牲亭内水池

惠陵三孔拱桥

东西朝房，位于大泊岸之上的东西两侧，单檐硬山顶，面阔各五间。

东西值班房，位于东西朝房的北面，单檐硬山卷棚顶，面阔各三间。后面有小院。

隆恩门，俗称宫门，单檐歇山顶，面阔五间，门三间。隆恩门前后有连面连三六级踏跺。隆恩门前有月台。月台前是石礓磜，两侧有抄手踏跺。中门南侧上方悬挂斗匾一块，用满文、蒙古文、汉文三种文字题"隆恩门"三字。

东西焚帛炉。进入陵院内，隆恩门北的东西两侧各一座焚帛炉，外饰黄色琉璃活件，内装铁板。

东西配殿。位于焚帛炉的北面，单檐歇山顶，面阔各五间。东配殿是存放祝板和制帛的地方，也是隆恩殿在大修时临时存放神牌、进行祭祀的地方。

惠陵东朝房

惠陵西值班房

惠陵东配殿

西配殿是喇嘛念经的地方。每年帝、后素服日（忌辰），东陵隆福寺派十三名喇嘛在西配殿诵读满洲版《药师经》，以祭祀和超度亡灵。

隆恩殿，是与隆恩门正对的一座高大建筑，重檐歇山顶，面阔五间。内设暖阁三间，中暖阁供奉帝、后神牌，东暖阁为佛楼，西暖阁设有神龛。殿前月台上面原设鼎式炉一对、铜鹿一对、铜鹤一对（现在这些陈设都已不存在）。月台有踏跺五座，其中正前方三座踏跺，正中间踏跺正中设有御路石一块。隆恩殿的月台周围设有石栏杆，龙凤柱头。南侧上下檐之间悬挂斗匾一块，用满文、蒙古文、汉文三种文字题"隆恩殿"三字。光绪二十五年（1899）至光绪三十年（1904），隆恩殿因质量问题拆建。

惠陵隆恩殿陛阶石

隆恩殿后有玉带河一道，上设有便桥三座。

陵寝门，又称三座门、琉璃花门。单檐歇山顶，中门规制较高，两边门规制相同。其中，中门门踩上镶嵌琉璃的中心花、岔角花。

石五供，由祭台和五供组成。五供即石香炉一、石花瓶二、石烛台二。石五供位于方城之前，院内神路正中。

石五供以北有玉带河一道，正面设便桥三座。玉带河往北两条分河，各设一座便桥。

方城。玉带河北面是方城，方城前的月台及台阶两侧安设石栏杆，月台前设有一座大礓磋，礓磋为澄浆砖所砌，礓磋中部设有一个叠落月台。方城为墩台式方形建筑，顶部东、南、西三面做雉堞，北面成砌宇墙。台面铺墁方砖。雉堞内侧脚下设青白石荷叶沟。方城每侧设挑头沟嘴各一个，以排除方城上的雨雪水。

惠陵方城前玉带河、石五供俯视

惠陵方城明楼东南侧面

　　哑巴院、月牙城。在方城北面，方城与宝城之间有一个小院子，称为"哑巴院"。院子的正北月牙城墙面上建有一座琉璃影壁，院子东西两侧各有一道转向石踏跺。

惠陵哑巴院内的琉璃影壁

惠陵哑巴院内的琉璃影壁垂脊上的仙人

惠陵哑巴院内的方城转向踏跺

清陵哑巴院、月牙城是仿照明十三陵中的昭陵哑巴院、月牙城的规制。哑巴院的北面就是宝顶，月牙城相当于宝城的南墙。哑巴院的主要作用，一是此院内的琉璃影壁下面是地宫入口，二是此院建有登上方城、宝顶的转向礓䃰。哑巴院内地面上还设有两个七星沟漏，以排出院内雨水。

为何称哑巴院？原来在古建筑中，那些比较隐蔽、从外面不易看到的部位和构件往往冠以"哑巴"一词，如哑巴橼、哑巴当、哑巴柱顶等。因为这个小院很隐蔽，在外面看不到，所以才叫哑巴院。由此可见，哑巴院名称的来历，并非传说由哑巴工匠所建得名。惠陵以前关内清陵哑巴院内的转向礓䃰都是砖礓䃰，建惠陵时，奉两宫皇太后懿旨，将转向礓䃰的砖礓䃰改为垂带石踏跺，这对于上方城、宝顶极为便利和安全。这是一个小小的进步。以后建崇陵时仿惠陵这一做法，转向礓䃰也采用了这种形式。

明楼。位于方城之上，形制与神道碑亭相仿。明楼内正中立石碑一统，因碑身四面均涂以红色朱砂，故称为朱砂碑。碑身的阳（南）面用满文、蒙古文、汉文三种文字镌刻"穆宗毅皇帝之陵"七个字。碑额上也用满文、蒙古文、汉文三种文字镌刻"大清"二字。碑座为长方形须弥座，上刻祅子。祅子，相当于现在桌子上的台布，四角下垂，上面雕刻云龙。明楼南面两檐之间悬挂斗匾一块，上面分别用满文、蒙古文、汉文三种文字题"惠陵"二字。和隆恩门、隆恩殿的斗匾上的字一样，均满文居中，蒙古文在左（东），汉字在右（西），每个均为镀金铜字，用铜钉钉到匾上。惠陵的三匾二碑均不用宝。

惠陵朱砂碑

　　宝城。与方城相连接的长圆形墙体建筑，称为宝城，宝城外沿做雉堞，内沿砌宇墙，中间是马道。雉堞内侧脚下设青白石荷叶沟。宝城周围设六个挑头沟嘴，以排出宝城宝顶上的雨雪水。

　　宝顶。宝城正中是宝顶。惠陵宝顶为长圆形，四周环以宝城。宝顶下面是地宫。

惠陵朱砂碑须弥座

惠陵宝顶南向

实际调查发现，虽然惠陵是仿照定陵规制所建，但它与定陵还是有所不同的，其表现主要在以下十五个方面：

1.惠陵神路没有与孝陵神路相接，而定陵神路则与孝陵路相接。

2.惠陵五孔拱桥两侧的五孔石平桥与五孔拱桥不对称，而是选取了更具有实用效果的方位修建的。而定陵五孔拱桥两侧的五孔石平桥与五孔拱桥是对称的。

3.惠陵五孔拱桥两侧北岸各建有一段石泊岸。这是为了防止河水冲击河道北岸，以此来保护河道北岸的安全而特意建的。定陵五孔拱桥则没有这种情况。

4.惠陵的望柱建在牌楼门前不远的方位，并且望柱底座四周有石栏杆围护。而定陵的望柱建在五孔拱桥的北面不远处，位于石像生南端，与牌楼门相距甚远，而且没有建石护栏。

惠陵望柱下的石护栏及小石狮

5.惠陵没有建石像生，其神路也只是从望柱之北开始修建，并没有将神路建到与五孔拱桥相接处。据《惠陵中一路立样》记载，惠陵原样式雷在彩绘图设计中包括五孔拱桥、望柱、石像生、牌楼门、神道碑亭、隆恩门、配殿、隆恩殿、陵寝门、明楼、方城、宝城、宝顶，直至东双山峪后宝山，各项建筑工程项目均"帖黄"。其中，惠陵石像生有石狮、石象、石马、石武士、石文士各一对，只是后来为了节省开支，在审查工程项目时，石像生这项被两宫皇太后裁去。而定陵五孔拱桥到牌楼门之间，不仅建有五对石像生，还建有连接两者的神路。

6.惠陵五孔拱桥到牌楼门之间的这段距离，两侧都是平坦的土地。而定陵相对应的这段距离，两侧建有高高的泊岸，并且在牌楼门以北与神道碑亭之间，建有两道叠落泊岸，惠陵则没有。

7.惠陵的下马牌建在牌楼门的东西两侧。而定陵的下马牌建在牌楼门以北的神道碑亭之南。

8.惠陵的神道碑亭内的神道碑，碑身上没有钤盖（刻）嗣皇帝（印）"某某尊亲之宝"宝文。这是因为两宫皇太后没有批准按规制使用嗣皇帝"某某尊亲之宝"宝文。对于这件事情，光绪四年（1878）三月初八日的《德宗景皇帝实录》上有如下记载：

　　钦奉慈安端裕康庆昭和庄敬皇太后、慈禧端佑康颐昭豫庄诚皇太后懿旨：恭亲王等奏，恭查惠陵明楼碑文匾额等项。应书字样，照式以满洲、蒙古、汉字三项合璧，敬谨书写一折。著依议敬谨办理，其片奏惠陵明楼碑亭碑文及隆恩殿宫门明楼扁额，应否照式钤用宝文等语。著毋庸钤用宝文。

由此可知，两宫皇太后在懿旨中未批准使用嗣皇帝宝文，但并未解释惠陵碑文和匾额为什么不钤用宝文。在惠陵之前，从景陵开始，陵寝碑文和匾额都钤用嗣皇帝宝文，在惠陵之后的崇陵也是这么做的。显然这种做法已经是祖宗留下的规制，那为什么惠陵不按这个祖制办呢？

据笔者分析，之所以惠陵碑文和匾额不钤用嗣皇帝宝文，其原因可能是光绪帝与同治帝是同辈的兄弟关系，而不是以往清朝皇帝与嗣皇帝的长辈与晚辈关系。这也可以解释为什么崇陵碑文和匾额上钤用嗣皇帝宣统帝宝文，因为光绪帝与宣统帝之间是长辈和晚辈的关系。而定陵的神道碑上刻有"同治尊亲之宝"的宝文。

9.惠陵隆恩门前（南）砖海墁台地及石礓礤，均没有定陵的高大。

10.惠陵海墁台地前设有五座石踏跺，定陵海墁台地前是三座石踏跺，惠陵比定陵多两座石踏跺。

11.惠陵工程的主体梁架木料全部采用进口的楠楠木，"非利刚截不能克"，所以惠陵的建筑质量非同一般，民间称这种木料为铜铁操、铁刀木。据查，这种木料是鸡翅木的一种，与紫檀木、海南黄花梨木同为传统红木，均是制作家具的好木料。而定陵木料则不是这种楠楠木。

12.惠陵地宫排水渠道——龙须沟，其出水口设在陵寝门前的玉带河的北石壁上，出水口雕刻有精美的龙凤呈祥图案。这点与定陵地宫龙须沟出水口在位置上不一样，定陵地宫的出水口在方城前的玉带河内的外侧石壁上，而且没有雕刻，只是一个圆孔。所以，惠陵龙须沟和出水口设计得更为复杂、精巧。

13.惠陵哑巴院转向磴道为石踏跺，而定陵则是转向砖礓礤。

14.惠陵后罗圈墙以北的后靠山上没有建挡水石坝，而定陵则建有挡水坝。

15.惠陵地宫棺床取消了两侧的垂手棺床，定陵则有垂手棺床。

在这里需要着重介绍一下惠陵为什么要裁撤石像生、取消神路与孝陵神路相接的问题。关于这件事，在东陵地区民间有两个传说。第一个传说是：在立后一事上，因为同治帝没有按照慈禧的意见选立凤秀之女富察氏为皇后，而是遵从慈安的意见，选立了崇绮的女儿阿鲁特氏为皇后，因此母子之间产生了严重的矛盾。慈禧又生气又觉得窝囊，为了对儿子进行报复，不仅生前故意不给他选吉地、建陵寝，而且还缩减规制，不设石像生，不将神路与孝陵神路相连。其实，这种说法完全是主观臆断、无稽之谈。第二个传说是：除孝陵外的东陵其他四座皇帝陵中，有三座陵寝神路都与孝陵主神路相接，只有惠陵神路不与孝陵主神路相接。这是为什么呢？传说是因为只有同治帝没有后代，所以惠陵神路才不能与孝陵神路相接。并且光绪帝也无后代，所以崇陵的神路也未与清西陵主陵泰陵的神路相接。这种说法表面一听似乎有道理，不过，但凡对清朝陵寝稍有了解的人都清楚，这只是一个趣味性的故事而已。道光帝有九个皇子、十个皇女，子女可谓不少，可是道光帝的慕陵神路也未与泰陵神路相接。所以，各陵神路与主陵神路是否相接，与皇帝有无子女没有任何关系。在原设计方案中，惠陵神路与孝陵神路接于孝陵石望柱之南。后来因为建陵经费十分紧张，被迫裁撤了这段神路，这样可以直接节省经费二十万两白银。

在这里还有必要讲一下惠陵与崇陵的区别问题。

光绪帝的崇陵是仿照惠陵规制而建的，所以从外观上看，崇陵与惠陵几乎完全一样。但通过实际考察，惠陵与崇陵还是有区别的。主要有以下七点：

1.惠陵五孔拱桥两侧平桥不是对称的，而崇陵是对称的。

2.惠陵石望柱下围栏望柱头上的狮子，北侧的朝北，南侧的朝南。而崇陵的则外侧的朝外，内侧的朝内。

3.惠陵隆恩殿内四根钻金柱上是缠枝莲花，而崇陵的则是沥粉盘龙。

4.惠陵龙须沟出口图案是龙凤呈祥，而崇陵则是一条正龙。

5.惠陵石五供的花瓶、腊钎是圆体的，而崇陵则是方体的。

6.惠陵每口棺椁未用龙山石，而崇陵则用八块龙山石。

7.惠陵下马牌两面都刻字，而崇陵则只有前面有字，背面没字。

三、惠陵及妃园寝事务

历来，皇陵内部陈设、礼仪以及官员设置等陵寝事务都带有神秘色彩，因此它是人们很感兴趣的话题。又因为这些陵寝事务代表着当时社会的最高文化内容，所以它还是研究历史的主要课题。因此，有必要将这些皇陵内部事务的内容简单介绍一下。

（一）惠陵隆恩殿的陈设

惠陵隆恩殿设有暖阁三间，各悬冲天帐。其中，中暖阁内设神龛、宝床，悬帷幔，设衾枕。宝床上的香龛内供奉帝、后神位。神龛外旁设宝椅、满堂红灯。暖阁前设帝、后两个宝座，宝座前为供案，供案

088

两旁设反坫①，东旁稍后设清明节所进的佛花，以及满堂红灯十二盏。供案前设五供、香几。西暖阁尊藏玉碗二个。

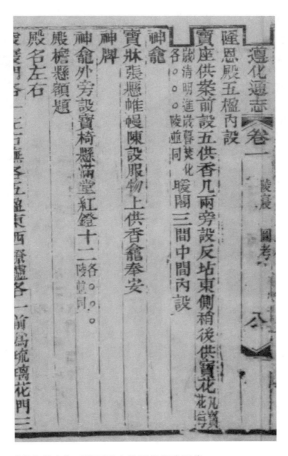

《遵化统志》对隆恩殿内陈设的部分记载

---

①　反坫，是流行于周代的一种古制。《逸周书·作洛》记载："乃位五宫……咸有四阿反坫"，是一个土台子，放饮酒用爵的处所，因饮完酒要将爵反扣过来，表示一干而尽，所以称为"反坫"。在清朝，反坫演变成一张朱漆桌案，称为"反坫案"，上面放置献祭酒所用的各种金器和祭酒。

惠陵隆恩殿内中暖阁和西暖阁神龛石座

据1912年5月的《惠陵并淑慎皇贵妃园寝各项事宜清册》记载：

惠陵隆恩殿内暖阁三间。

东暖阁佛楼上：供白檀梓龛一座，佛龛脊上铜镀金塔一座_{随练子四挂}，铜镀金雕龙边匾对一副_{随托钉挺钩}，上刻"宝相涌莲花鹿苑鹫峰同开法界，真经参贝叶蜂台狮座共仰天容"；粉油匾对一副_{随托钉挺钩}，上刻"度一切众生登极乐国，照大千世界兜率天"，片金欢门幡一分，旁设利益佛九尊_{紫檀木座}，紫檀木玻璃挂灯六对_{间有散卸归箱存贮}。

佛楼下：银镀金五供一分_{紫檀木座}，银镶嵌塔二座、银贲巴壶二件_{随吉祥草孔雀翎}、银镶嵌八宝一分、金累丝嵌松石坛城二座_{随玻璃罩，紫檀木}、铜铃杵一分、铜鋄银随盘八吉祥二分、铜鋄银八吉祥六分、铜鋄银随盘七珍一分、金胎盆景二件随玻璃罩紫檀木座,上嵌东珠五十六颗、黄倭缎红花地毯一块、黄布挖单一块。以上共十八项计一百三十一件。

又,总管李双喜送到穆宗毅皇帝位前供奉陈设:

绿玉双喜珮一对上拴红碧珺玖豆各一个、绿玉口烟袋二枝随扣珠烟荷包二件、银蝴蝶钩一对、五色蓝珠口表一件上拴随表辫小正珠二颗,红碧珺玖扁豆二个、绿玉鱼一件、缂米珠香包一件、紫金锭佩两件、银扳匙一把、八成金乂子一把、扣珠活计九件内随银八卦洋钱一件,扇套上嵌龙眼大珠一颗、红碧珺玖别子二件一件内拴绿玉豆一个,一件内拴绿玉扁豆一个、腰圆槟榔盒一件、棕竹折扇一把、银面汤大盆一件、银洗手盆一件、银痰盆大小二件、银嗽口碗二件一件随盖、银胰子盒一件、银耷斗一件、洋磁嗽口盂一分随银盖、黄磁盅茶盘一分随银盖、红雕漆盘一件内盛磁盖碗一件,随银茶盘盖、藤盘一件、七成金如意一柄上拴珊瑚珺豆二个、白玉如意一柄、珊瑚如意一柄上拴红碧珺豆四个,玻璃罩紫檀木座、汉玉双环珮一件随紫檀木座、玻璃罩盖匣内盛绿玉盖碗一对随金座、银累丝缂米珠盆景一对上嵌银镀金树二颗,大小东珠一百四颗,珊瑚枝六枝,珊瑚天珠六苗,内根下二枝,裂譬有缺、"同治御笔之宝"一方一匣青玉、"同"一方一匣寿山石、"治"一方一匣寿山石。

于光绪五年三月二十四日由内交出御制诗全集一部二本、御制文全集一部六本。

又,首领增禄交到孝哲毅皇后位前供奉陈设:

柴木玻璃镜枝一枝随牙起子八根,镊子一把,银针一件,铁针一件,刷子四把、柴木玻璃镜一件、珐琅磁盘一件、漆藤笸箩一件随木梳、刷子、篦子,计十六件、漆藤笸箩一件随银小盒二件、银洗手盆一件随磁胰子盒一件、布手巾六条、银痰盆一件、银嗽口碗二件随银刮舌一件、银嗽口盂一付、五彩磁茶盅盖

碗一分_{随金茶盘盖}、青花磁爹斗一件、青龙磁碗一件_{随银盖木盘}、红雕漆海棠式盆景一对_{随玻璃罩，紫檀座}。

帝、后位前供奉陈设共四十五款。

又，光绪六年十二月初三日经前藏达赖喇嘛等恭进：

铜镀金药王佛八尊、铜镀金古佛一尊、铜镀金长寿佛一尊、铜镀金琍玛古佛一尊、释迦画像佛二十一轴。

又光绪十年二月初十日经后藏班禅喇嘛等恭进：

镀金释迦佛一尊、镀金观音佛一尊、镀金观音圣母一尊、镀金白衣观音一尊、镀金文殊菩萨一尊、画像佛十五轴。

以上前后藏喇嘛等共进画像佛三十六轴，曾于光绪十年三月十一日送往隆福寺供奉。

中暖阁神龛内供奉：

神牌二位，上书"尊谥"字样，系：穆宗继天开运受中居正保大定功圣智诚孝信敏恭宽明肃毅皇帝、孝哲嘉顺淑慎贤明恭端宪天彰圣毅皇后。连二神牌座一分。

神龛内挂明黄四则八宝缎面纺丝里三面壁衣一分、梓龛一座，随明黄片金帷幄一件、明黄五彩金凤缎面纺丝里幔帐一分、宝床一张，前挂明黄片金床刷一件、绿锦夹垫一件、黄布夹垫一件，上铺黄红绿妆缎面月白缎里褥子三床，旁设明黄九龙缎面月白缎里棉被二床、三厢仙枕二个、绿锦仙墩四个、明黄云缎夹套四件、黄布夹套四件、仙墩座四个、明黄云缎座套四件、明黄云缎夹垫四件。红油足踏上罩明黄片金套一件，铺地黄布夹垫一件、高丽凉席一领。暖阁内东西设宝椅二张，上铺明黄妆缎棉褥二件_{流苏八卦}

线屉二块。盖宝椅明黄云缎夹挖单二件、明黄布夹挖单二件。红油足踏上罩明黄妆缎夹套二件。暖阁内挂明黄云缎面纺丝里壁衣一分。

西暖阁内挂明黄云缎面纺丝里三面壁衣一分、香龛一座、红漆宝床一张。

中暖阁外挂织金龙缎面纺丝里通天幔帐一件，东西暖阁外挂明黄五彩金凤缎面纺丝里通天幔帐二件。

同治帝和孝哲毅皇后神牌

（隆恩殿中暖阁前）宝座二座，上铺明黄妆缎靠背扶手坐褥二分、海窝二个，盖宝座明黄云缎夹挖单二件、明黄布夹挖单二件。红油足踏上罩明黄妆缎夹套二件。

（宝座前）前设供案一张，上罩明黄云段夹套一件、明黄布夹垫一件、明黄布夹套一件。

东西设酒案四张，随明黄云段夹套四件、明黄布夹套四件、明黄云段挖单四件、明黄布挖单四件。

瓜桌四张，随明黄云段夹套四件、明黄布夹套四件、明黄云缎挖单四件、明黄布挖单四件。

金盆架二座，明黄云段夹挖单二件。

满堂红灯十八盏，上罩明黄纺丝单套十八件。

铜镀金珐琅五供一分，随瓶花、样蜡一分。

金漆香几五件，铜镀金珐琅香盒一分。

又于光绪五年三月内由京领来磁痰盒一分。

通过研读清宫档案《惠陵并淑慎皇贵妃园寝各项事宜清册》，发现它们记载的信息量非常大，举例如下：

1.通过这些记载可以发现，各帝陵佛楼所尊藏佛像不一样。其中惠陵所藏，不仅有佛像，还有佛画像，佛像不仅有来自皇宫中的，还有西藏的达赖喇嘛和班禅恭进的。

根据以上记载我们可知，目前清东陵定陵隆恩殿佛楼所塑佛像以及清西陵崇陵隆恩殿佛楼佛像，在历史上是根本不存在的。那种泥胎佛像都是为了对游客开放而塑造的，但却以假乱真，混淆历史。

2.通过这些记载可以发现，各帝陵隆恩殿装饰基本一样，陈设上有些出入，尊藏种类和数量出入较大。

3.令人奇怪的是，惠陵佛楼下层还供奉有三个各式衣服的包裹。这是目前已知其他陵寝中没有发现过的。

（二）陵寝的祭祀及礼仪

每年的清明、中元、冬至、岁暮，以及帝、后忌辰为大祭，均由太常寺奏请皇帝派遣王公致祭。大祭时，恭请神位奉安于隆恩殿内宝座上，神位面朝南。帝、后位前各供膳品十八盘碗，献奶茶一碗、酒三爵，其中帝位前另供酸奶一碗，均设匙筯。案前供饽饽桌一张，计六十五盘碗。中设太牢一，东西设尊罍如仪。

凡遇每月朔望，各陵致祭，仅启神龛帷幔，不请神位。守护贝子、公、总管内务府大臣、八旗总管，分别领旨到各陵致祭。帝、后、皇贵妃位前各供熟羊肉一盘、青酱一碟、果品十二盘，均设匙筯。献奶茶一碗、酒三爵。两旁设尊罍如仪。

妃园寝四时致祭，八旗总管负责，祭祀时恭请神位，奉安宝座均南向。皇贵妃暨各妃前，均供膳品十七盘碗，设匙筯。献奶茶一碗、酒三爵。皇贵妃案前供六十三盘碗、饽饽桌一张。各妃案前各供五十四盘碗、饽饽桌一张。均陈少牢一。两旁设尊罍如仪。由此可见，祭祀时，皇贵妃与妃同时设立祭品，只是祭品种类多少不同。这就说明，由于身份等级的差距，即使同时享受祭祀，妃嫔享受到的待遇也有差别。

以上帝陵暨妃园寝四时大祭和忌辰大祭，恭请神位，供膳、供茶、献爵，以及朔望各陵暨各园寝四时大祭和忌辰大祭，恭请神位，供茶、

献爵。

朔望各妃忌辰供献，都由内关防官员敬谨进行。一切祭品系内关防官员监造，各祭所需牲醴、米面、糖、乳、油、菜蔬、果品，都由奉祀礼部承办。前期送交茶、膳、饽饽各房，以备应用，均有定额。

对于陵寝各种祭祀的准备和仪式程序，四时大祭和大忌辰，在前一日的清晨，由内务府官员带领领催、差役人等，同八旗值班章京、甲兵一起，将隆恩门开启。礼部官员带领扫院人打扫内外地面，内务府差役人打扫月台，将雨搭卷起，带领香灯拜唐阿，将殿门开启。打扫完，关锁后放下雨搭，各自退出。然后礼部官恭请龙亭将祝板、制帛送到，供奉在东配殿内退出。等到祭陵王公祭祀完后，内务府官员带领领催差役人等，和值班章京、甲兵等一起，将门关锁。

第二天的五鼓时分，内务府员役仍和章京、甲兵一起，将隆恩门开启。支搭凉棚，安设桌张，卷拴雨搭。然后再将隆恩殿殿门开启，点灯打扫。内管领带领领催差役，章京带领甲兵，将饽饽桌及香瓜、西瓜方架抬至月台下。章京、骁骑校等官把饽饽桌等抬进隆恩殿内。内务府官依次供奉后，内管领带领领催、差役等，将酒罇、爵盏、奠池、节壶、马杓等器抬至殿内，设于两旁酒桌上。礼部官员率屠户进牲，饭上人同章京进熟牛羊肉，设于东幕下，礼部官员带领屠户，将牲匣抬入隆恩殿殿内安放，又将牛羊抬入供设牲匣内退出。甲兵等将熟牛羊肉抬入，安放在凉棚下。尚膳正带领膳房人，将牛羊肉件摆放在匣盒内，同章京等抬进隆恩殿殿内，供于案上，然后都退出。八旗官员赴膳房抬请膳桌，在内务府官员的引导下将膳桌抬入隆恩殿殿内，膳房人将膳品传递，尚膳正供献完后，八旗官员将空桌抬出。礼部官到东配殿内将祝板、制帛请入隆恩殿殿内，供奉在各桌案上。香灯拜唐阿在隆恩殿殿外香炉内点香，由礼部司员官一员监督行礼。内务府官来到暖阁内行一跪三叩头礼，恭请神位安放在宝座上，再次行一跪三叩头礼。这时礼部官员吩咐传茶。茶房人恭请茶桌、茶桶、茶碗、马杓，来到隆恩殿月台上，东边站立。礼部官传令官员晋见，将众官引导至隆恩殿前台阶下分两边排班站立。赞礼郎将主祭大臣引至隆恩殿月台上西边站立。茶房人把茶桌抬到隆恩殿殿门外，内务府官供茶，完成后把茶撤出，茶房人将茶桌抬到月台下西边，安放在高桌上。

赞礼郎引主祭大臣到行礼处站立。众官都在隆恩殿月台下两边排立。赞礼郎赞："执事官各司其事。"赞引官赞："就位。"带领主祭大臣由隆恩殿西门入，来到香几前。赞礼官赞："跪。"内务府笔帖式捧香盒东向跪递于主祭大臣举献，完成后，仍然递给捧香盒官。赞引官赞："上香。"主祭大臣拈香三次，捧香盒官退到殿内西边站立。赞引官赞："复位。"带领主祭大臣在行礼处赞："跪、拜、兴。"主祭大臣率众官随赞行三跪九叩头礼。赞礼郎赞："帛、爵、初献。"礼部官请帛，内务府官请酒一爵，供献于供案上。赞礼郎赞："恭读祝文。"读祝官请祝板，由隆恩殿中门出，西边北向跪。主祭大臣率众官跪下恭听读祝。读祝官读祝完后，将祝板供在帛匣内。赞引官赞："跪、拜、兴。"主祭大臣率众官行一跪三叩头礼。赞礼郎赞："亚献。"内务府官献第二爵酒。赞礼郎赞："三献。"内务府官献第三爵。主祭大臣率众官再行三跪九叩头礼。赞礼郎赞："祝帛恭送燎所。"读祝请帛等官，把祝板、制帛带到燎所焚化完。赞引官赞："礼成。"主祭大臣暨众官退出。内务府官来到隆恩殿殿门内行一跪三叩头礼，恭请神位入暖阁，奉安于

龛内，行一跪三叩头礼后退出，各项员役将祭品等项撤出。内务府官员将灯火撤尽，地面打扫洁净，关闭隆恩殿殿门后，带领差役等垂放雨搭，拆卸凉棚，撤收桌案，等举哀完后和八旗章京、披甲人等一起将宫门关闭。

凡朔、望小祭，不请神位。供果品十二盘、熟羊肉一盘。主祭大臣拈香后来到行礼处站立。等内务府官献酒三爵、主祭大臣行三跪九叩头礼后再退出。小祭没有帛和祝板。

凡每月朔望和小忌辰日，由三总理、八旗总管、内务府郎中轮流主祭。内务府官供献祭品，捧递香盒。礼部司官监礼，赞礼郎赞引。除元旦、孟冬、小忌辰有赞外，朔望及皇上万寿都对引不赞。

"坐班饮福"是每次大祭的最后一个程序。每次大祭后，茶房人执茶桶在隆恩殿前丹墀处向上跪，按班各斟茶一碗，差役人按班递送，坐班官员跪尝。对于祭祀后的酒和食物，官员和差役的待遇相同，都是由差役人递酒，膳房人递膳，然后一同食用。这些做法都是遵循以往的旧制度。

凡所有祭器，系在各礼部库内收存，箱上锁钥系内务府掌管库门，并内层门锁钥均系礼部掌管，外层门锁钥系八旗掌管。凡遇大祭前二日、小祭前一日，内务府司官一员同尚茶正、内管领等官各一员与尚膳正、内管领等官各一员，带领茶膳拜唐阿、领催、差役人等，携赍印领赴礼部库，同礼部官员照依印领查照领出，交各房值宿差役看守应用。祭毕，内务府官役仍将祭器送往礼部库。礼部官员查收。内务府、礼部各出用印封条。一条将箱上封好入库。礼部官员出具实收，交内务府官员持回存案。

凡一切大小祭祀供品，均系礼部送交内务府官员查收。

凡每年清明祭日，各陵宝顶添土一次，所用之土并筐担，系石门工部前期送交。

凡每年冬至祭日不举哀。御膳凡添羊只送陵各二只，仲冬赍送达郎冈爱羊，每陵各五只。又于春秋仲月由茶膳房派员赍送奶饼二次，均随祭供献。

《昌瑞山万年统志》上称，"谨查原志祀典虽与现实典礼稍有参差，然亦应仍存其旧以备参考"。

　　陵寝的四时大祭和帝后忌辰、皇帝的万寿节及每月朔、望小祭，前一天礼部官员穿补服，恭进龙亭，并果酒蔬菜等件。祭日铺排将香蜡交与太监秉烛后，披甲人等抬饽饽桌到隆恩殿前丹墀处，章京接供。礼部官员率屠户进牲。饭上人同章京进熟牛羊肉，设于东幕下。膳官盘献。包衣人将酒及爵、杓等件放在隆恩殿殿内两边反坫上。黎明时，章京等抬饭桌由中门入隆恩殿。内关防官员供献完后，礼部官二员从东配殿请祝板供于隆恩殿西桌，帛供于东反坫。笔帖式自东门出吩咐进茶。内务府官员奉茶由中门入，上月台，立阶东。执事礼部官员随茶入，站在台阶两边。关防官请神位，安宝座。礼毕，笔帖式二员出。通知引礼部官员，带领众官自东西入，在台阶下排班等候。赞礼郎带领主祭者从西入，上台阶立在西南角落上，供茶后，主祭者入殿拈香，退出行三跪九叩头礼一次。关防官初献爵后，主祭、助祭各官跪听读祝毕，三叩起立。关防官再献、终献完后，仍行三跪九叩头礼一次。

焚祝帛完后，退出，仍请神位安暖阁，行礼出，闭门。

四陵列祖、列后忌辰，昔系小祭、素供。乾隆元年改为大祭。其礼供与四节大祭同。惟孝陵端敬皇后忌辰仍系小祭、素供。

清明、中元、岁暮以及忌辰，各官俱于宫门外东边站立举哀。包衣妇人、太监等，进内举哀。包衣总管等官西边站立举哀。惟冬至不举哀。

万寿及十月朔日，各陵每神位前供桌一张。万寿供桌无羊。十月初一朔日供桌有羊。

每月朔望预日，送果酒。如无祭日，点烛后章京等进果桌后，包衣人进熟羊肉于幕下反坫。上膳人无盘献。启幔照前。众官入，东西排班立。赞礼郎二员引主祭官入。照例立，供茶毕，引入殿拈香出，行三跪九叩头礼。

妃园寝四节大祭供送祝帛、祭品、抬桌等事，俱与帝陵同。请神位系太监，行礼系两跪六叩头礼。惟景陵敬敏皇贵妃系行三跪九叩头礼，因祔葬景陵、孝东陵妃亦行三跪九叩头礼。

孝惠章皇后宝城地宫后、万寿及朔望妃园寝内员拈香，自行两跪六叩头礼。惟礼部官一员监礼。各妃忌辰俱系素供，总理贝勒主祭。

由此可见，当时各陵寝的祭祀典礼，都由各自陵寝官员人役负责管理运作，各负其责，紧张有序。

由于这些官员和人役终身是为皇陵服务的，他们的生活费用也由皇家提供。

据《昌瑞山万年统志》记载，这些陵寝官员、人役的薪水俸禄如下：

八旗总管：每员岁支俸银一百三十两。减半三色俸米十石八斗，俸粟米折银六十四两二钱五分八厘四毫。

翼长：每员岁支俸银一百零五两。减半三色俸米八石七斗，俸粟米折银五十一两九钱二分五厘六毫。

三等轻车都尉：每年应支俸银一百六十两。减半三色俸米十三石二斗，俸粟米折银七十九两二钱四厘四毫。

佐领：每年应支俸银一百零五两。减半三色俸米八石七斗，俸粟米折银五十一两九钱二分五厘六毫。

委署翼长、防御：每员岁支钱粮银八十两。减半三色俸米六石六斗，俸粟米折银三十九两六钱零二厘二丝。

骁骑校：每员岁支钱粮银六十两。岁食减半俸米五石，每年春秋二季，每季应支三色俸粟米折银十九两五钱四分；夏冬二季每季应支粟米折银十二两。

委署骁骑校、领催：每名岁支钱粮银四十八两。减半粟米十二石五斗，粟米折银十三两八钱。

世袭幼官：岁支俸银四十两。

委笔帖式、披甲：每名岁支钱粮银三十六两。减半粟米十一石五斗，粟米折银十三两八钱。

衙门吏：每名岁支钱粮银二十四两。减半粟米十一石，粟米折银十三两二钱四分。

养育兵：每名岁支钱粮银十八两。减半粟米五石五斗。

随甲、顶马：每户岁支钱粮银十二两。减半粟米五石五斗，粟米折银六两六钱。

关防郎中、员外郎、内管领：每员岁支文职五品双俸银一百六十两。减半三色俸米六石六斗，俸粟米折银四十二两一钱三分。

尚膳正、尚茶正：每员岁支武职四品单俸银一百零五两。减半三色俸米八石七斗，俸粟米折银五十五两二钱八分。

主事、副内管领：每员岁支文职六品双俸银一百二十两。减半三色俸米五石，俸粟米折银三十一两五钱五分。

笔帖式：每员岁支八品俸银五十六两。减半三色俸米三石三斗，俸粟米折银十三两八钱五分。①

委副内管领、尚膳副、尚茶副，系由茶膳香灯拜唐阿、领催升用。祗系金顶虚衔，仍食茶膳香灯拜唐阿、领催钱粮。

茶膳香灯拜唐阿、领催：每名月支钱粮银二两，一年共随减半粟米折银十三两二钱。一年二季减半粟米十一石。

闲散拜唐阿：每名月支钱粮银一两五钱。一年二季共随减半粟米折银九两九钱。一年二季共随减半粟米八石二斗五升。

园丁：每名月支钱粮银一两。一年二季共随减半粟米折银六两六钱。一年二季共随减半粟米五石五斗。

树户：每名月支工食银一两四钱。随减半粟米折银三钱，月支减半二斗五升。

---

① 　此系捐班，如由贡生加捐补用食七品俸饷，如系考班食九品俸饷。

扫院人：每名月支钱粮银一两。随减半粟米折银六钱，月支减半粟米五斗。

随甲：月支钱粮银五钱。减半粟米折银三钱，月支减半粟米二斗五升。

礼部郎中、员外郎：每员岁支俸银一百六十两。减半三色俸米六石六斗，俸粟米折银三十九两六钱。

读祝官、赞礼郎：每员岁支俸银九十两。减半三色俸米三石七斗五升，俸粟米折银十二两四钱。

牛吏、挤奶人、打果人：每名岁支饷银二十四两。春秋二季每名应支大粮米十一石，应支粟米折十四两五钱二分。

打果人家口：每年每口应食减半粟米三石，米折银二两八钱八分。

喂牛人、割草人、扫院人、屠户一百名、鹰手、果户、网户、校尉，麦、糖、油、酱、酒、粉六杂行：每名岁支饷银十二两。减半粟米六石，米折五两七钱六分。

由于守陵官员和差役都是世袭，他们世世代代以看守皇陵为职业，即使岁数大了不再为皇陵服务，或者因为疾病等不能为皇陵服务了，为了保证他们的正常生活，国家也还是会按时发放钱粮。据统计，这些不在职的人分为两种情况：

1.孤寡养赡者，每名月支养赡银一两，一年二季共随减半粟米折银养寡六两，养孤六两二钱四分；一年二季共随减半粟米养寡五石五斗，养孤五石二斗。

2.三旗管领下男妇家口，每口每月支减半粟米二斗五升，每口岁支减半粟米折银三两六钱。

以上所有官员人役的俸银分为春秋二季，由户部请领。俸米由通州截拨。俸粟米折银由遵化州、蓟州、丰润县、玉田县分为春秋二季由藩库领解。所有差役以及孤寡并家口饷银，每年按四季由遵化州、蓟州、丰润县、玉田县赴直隶藩库领解。应支粟米由通州截拨。光绪二十七年（1901）后，部分官员差役俸银俸米数量有所改变，粟米折银也有所改变。

通过这些历史记载，我们不仅可以了解这些鲜为人知的皇陵服务人员的待遇，而且可以发现，皇家为这些皇陵服务人员提供的待遇还是不错的，同时考虑到他们生活中食用不了那么多粟米，故将一半的粟米折价改为给银子，以便灵活掌握可以做些其他事情。由此可见，皇家对这些为他们祖陵服务人员的待遇，处处充满了人情味。

由于这些人工作稳定，生活有保障，皇家按时供给粟米和银子，因此他们的职业被称为铁杆庄稼，意思是旱涝保丰收，生活永远有保证。

清皇陵所有的祭祀典礼、官员人役等都是因为皇陵的存在而存在的，这些皇陵的主人生前地位高贵无比，死后也要享受大多数常人无法享受到的尊荣：豪华墓地、奢侈祭祀。

第四章 揭开惠陵营建的神秘面纱

作为皇家建筑典范的惠陵，不仅建筑现在保存完整，更重要的是大量的工程档案得以存世。通过对这些档案的整理和研究，向世人揭示了古代建筑的选址、规划、设计、施工、管理、监察等过程，以及机构设置、人事安排、施工礼仪等方面完整而严密的体例制度。

一、陵寝工程的机构和职能

光绪元年（1875）二月二十二日，慈禧派醇亲王奕譞、左都御史魁龄、户部侍郎荣禄、署理工部侍郎翁同龢为惠陵承修大臣，负责办理同治帝的双山峪万年吉地工程。这些官员大多都是一人兼任数职，或者由于新的工作，负责陵寝的部分官员也会由此调离。光绪元年（1875）十二月十三日，翁同龢调任光绪帝师傅职位，其负责工程改由吏部左侍郎恩承接替。光绪四年（1878）九月二十六日，恩承调离，改由荣禄为代办。

按照惯例，由惠陵承修大臣组建陵寝工程处，因为是钦派工程，所以又称钦工处，设立办事机构，负责办理整座陵寝的规划设计和营建事务。根据钦派承修大臣的人数将整个工程分为若干段，每人专门负责其中一段建筑工程的规划设计。每段工程设监督两名，监修若干、办事官若干。建筑工程则选择相应的木厂商家承包营建，由工程处发放银两，任其自行招聘专职工匠、民夫。在工程处任职的上中层官员，如监督、监修、办事官等不同级别职务的官员，是承修大臣各自从六部及内务府挑选熟悉工程建筑的亲信充当，因为有很多官员也希望到工程处历练一番，日后好有机会升迁，因此托关系或经人介绍来任职的，由承修大臣提名经皇帝或皇太后批准，委任其相关的工程管理事务。这种行为，除了熟人好办事，大都是为名、为利、为升迁寻找机会的，大多数都有可能存在一些见不得光的内幕或交易。《翁同龢日记》中对拉关系走后门这种事情就有所记载。

　　由于惠陵工程的承修大臣为四位，于是惠陵工程被分为四段：第一段承修大臣为醇亲王奕譞，第二段承修大臣为魁龄，第三段承修大臣为荣禄，第四段承修大臣为翁同龢。每段所任用官员人数各不同，第一段为四十六人，第二段为三十人，第三段三十四人，第四段三十五人。工程处的下层书吏主要是通过考试来录取的，负责日常的档案抄写、记录等事务。

　　因此，作为一个独立的正式单位，惠陵工程处必须有属于自己的权力，这就需要象征权力的惠陵工程处关防，即相当于现在常说的代表单位的公章。

　　作为国家正式管理机构，惠陵工程处的成立需要皇帝或皇太后批准，从礼部领取专门铸制的关防即大印，并专设印库存放，派值班监修专职看守使用。

　　惠陵选址之初，醇亲王奕譞曾奏请借用菩陀峪万年吉地工程关防。惠陵工程处成立之后，醇亲王奕譞于光绪元年（1875）二月二十七日上奏两宫皇太后，申请礼部正式颁发惠陵工程处关防一颗，并在惠陵工程关防到来之前，仍借用菩陀峪万年吉地工程关防。六月初一日，惠陵工程处派监修花尚阿、长禄赴北京礼部恭请惠陵关防。是日，王大臣率监督各员行三跪九叩头礼。跪叩礼完成后，令该部派来的匠役锉去印爪，并当即用印行文知照各省及京内各衙门用印日期。至此，惠陵工程处关防正式启用生效。

　　当时，惠陵工程处的办公机构为关防库、档房、银库、样式房、算房等部门。关防库存放惠陵工程处关防。档房分为两种，在京城的档房称为京档房，在工地的档房称为工次档房，相当于现在单位的总

办公室，负责制定规章制度，设立考勤簿，每日呈递画样和往来文书，以及协调工程各部门之间的关系。各个承修大臣属下的监督、监修等分班到档房值班，不值班的监督、监修也要逐日到档房报到，以征勤惰。档房又分样式房、算房和银库等机构。样式房负责陵寝建筑的具体规划设计、制作画样和烫样，并会同算房算手参考《工部工程做法则例》、《内廷工程做法则例》以及以前陵寝工程实例编写说明建筑规制、丈尺和做法的《工程做法》。样式房和算房是工程处的技术核心部门。惠陵工程的样式房由"样式雷"世家第六代传人雷思起、第七代传人雷延昌主持。算房则是负责工程钱粮工料的核算等事务。惠陵算房由陈文焕、王云汉主持。工地上有官兵负责看守和维持治安，防止工人因劳作过于辛苦或者因工资低闹事、捣乱。

惠陵工程处的官员办公和居住地各不相同。其中，工地工程段的监督、监修等官员办公和居住地，多为陵寝附近的内务府营房内，或租住民宅；承修大臣在工地上，则居住在隆福寺行宫、真武庙、塔儿山（马兰峪的塔子山）或马兰（峪）镇等处。据《翁同龢日记》记载，翁同龢曾临时居住在二郎庙。

俗话说，"无规矩不成方圆"。惠陵工程处为了规范、管理和保障工程各部门之间正常运行，惠陵工程处参照菩陀峪定东陵工程处规章制度，由监督、监修拟定十条工作章程，书写成公告张贴在神机营惠陵工程京档房，告谕惠陵工程处的相关官员。

据《惠陵工程备要·堂谕章程》记载，惠陵工程处的十条工作章程是这样写的：

一、自请领关防之日起，由各堂所派监修一员在档房值班，住宿看守，均于午初当面交替。所有各堂派出监修，无论几员，均按五日一转，自行分定。每日一人在档房住宿，如因差事告假不克住班，应预为声明知会其次人员接替，仍俟差竣事毕假满，按日补班，倘无故不到，除立即派人补班，该监督将不到之人员应行呈请究办。

二、用印事件，即由王爷所派监修随稿请钥匙，用印后由各堂大人所派监修送钥匙，呈画印簿。

三、凡遇具奏事件，由各堂所派监修轮流呈递，前期验折及呈画奏稿，均责成轮流之员一手经理，以杜推诿。

四、监督各员及不值班监修均应随时到档房办事，如有堂交紧要事件，即遵照赶办，不得过三日，尚有迟缓，应请各堂究办。

五、档房所收各处来文，应由值宿监修随时点收挂号，由办事监督、监修等摘叙略节，呈堂画到，如果紧要事件，立即呈回。

六、应用印事件，即由值班监修按照底稿详加核对，填写日期，书衔画押，监视盖印，仍登记号簿，分别发行，饬取回投，附卷备查。

七、所有稿件来文，按十日一次，由监督、监修查对，编号存库。

八、递过奏折，应随时列号，敬谨封存。

九、钦奉上谕并各堂谕面奉谕旨，应敬谨写册档封存。

十、王爷大人所派办事官，拟分三班，每日二人在折奏处轮流住宿，着理一切公事，以免贻误。仍照案不给饭食，用节靡费。

其各堂派在科房，每日住宿之吏役各一名，每月加给饭食银两，自宜循名核实，拟自设京档房之日起，由住宿之监修认真稽查，如日久疏懒或旷误雇替等情，即时呈明，由监督回堂惩办。其余吏役人等，应如何酌定班次，用稽勤惰之处，并由该监修等呈明各堂饬遵，除办事官与监督、监修一体书画考勤外，所有书吏等另立画到簿，责成逐日在京档房住宿之监修监视画到，不得瞻徇情面，致干咎戾。

后来，为了对承修大臣等也有监督，于光绪二年（1876）二月初四日又在京档房单独设立王爷、大人堂谕一本，记录惠陵工程管事王爷和大人吩咐、交代及需要办理的各种事情的原话，并画押做手续，以此来方便日后查看和核对各王爷、大人各项事情的交代情况，以免日后有遗忘。

当时在制度上健全详细，监督、监修等官员轮流到工地档房值班，承修大臣也要轮班到工地住班，现场办公处理工程事务，一般为期一个月，到班轮休。

惠陵工程处的官员、杂役的工资及办公费用，均是从惠陵工程处的银库中支取，即从户部解拨来的库平银中每两扣存六分，称为"余平银"，并将支付承包商的银两照章扣减二成另储备用，每月月底奏销一次。这些办公费用包括各级官员、吏役、官兵、样子匠、算手的薪水，平时所需要的煤炭、茶烛、纸张等公用开支，均用余平银支付。但支取这些开支也是有条件、有限制的，如在京档房、印库住班监修，只给饭食银两；书吏、算手、样子匠、官兵等，均照章开放公费饭食；

所需纸张、茶烛、煤炭等项开支，均按所需报销。不值班的承修大臣、监督、监修以及办事官均不能领取俸银和办公费。那么，这些费用是如何使用的呢？

据《惠陵工程记略》记载，醇亲王奕𫍽所开具的住工王大人、官员，以及京档房支取薪水银数名单如下：

承修大臣：每员每日支薪水银三两，往返盘费银三十两。跟役、护卫、夫役人等，每名每日支银一钱五分；马每匹每日支草料银一钱五分。

监督：每员每日支公费银二两，往返备盘银二十两。跟役每名每日支银一钱五分；马每匹每日支领草料银一钱五分。

监修：每员每日支公费银一两五钱，往返盘费银十五两。跟役每名每日支银一钱五分；马每匹每日支领草料。

办事官弁：每员每日支公费银七钱，往返盘费银十两。跟役每名每日银一钱五分。

书吏、算手、样子匠：每名每月支公费银二十两，往返盘费银十两。

官役：每名每月支公费银十两，往返盘费银十两。

工次档房官员：每月共给饭食茶水银十二两。

谨开京档房印房支银数目：

住班监修：每员每日饭食银四钱；跟役每名每日饭食银一钱五分。

轮值书吏：每名每月公费银六两。

长期住班书吏：每名每月加饭食银五两。

算手：每名每月公费银五两。

样子匠：每名每月公费银四两。

官役：每名每月公费银二两。

茶役：每月共给饭食银四两。

纸张：每月支银五两六钱六分六厘。

煤炭、茶烛：每月支银八两。

通过这个记载发现，官员人役之间由于身份地位和分工的不同，彼此的补助差距是很大的，领取补助最高的是承修大臣，不仅身边的人员有补助，就是所使用的马匹也都有补助。那些真正办公的人员每月领取的补助，与官员无法相提并论，但与普通衙门相比，补助还是很高的，算得上是一个好单位。

惠陵工程处组建不久，惠陵工地上又出现了两个单位，一个是与惠陵工程处同级别的监督审查机构——钦派勘估处，一个是高于这两个机构的监督管理机构——总司稽查。

钦派勘估处是由皇帝或者皇太后亲自选派亲信大臣，专门负责陵寝建筑工程计划的审核、造价钱粮以及工程验收等事务。勘估大臣的人选，通常是承修大臣联名以内阁六部满汉大臣衔名上奏皇帝或皇太后，皇帝或皇太后朱笔圈定。凡工程开工，只有通过勘估大臣核实后才能兴工。对此，光绪朝《大清会典》上这样规定：国家建筑工程，凡工价银超过五十两、料价银超过二百两的，均需要由钦派承修大臣及勘估大臣办理。

两宫皇太后接到奏折后，于同日用朱笔在报上来的名单上圈出了兵部尚书广寿、礼部左侍郎察杭阿、刑部右侍郎黄钰、工部左侍郎何延谦等四位大臣。需要注意的是，假如承修大臣有在工部任职的，则勘估大臣就不能从工部选派，这是以防出现"自估自销"做假账弊端。而且勘估处也要有礼部铸造的关防，并在京城设立专门的办公机构。

通过这些记载可以发现，当时工程制度的严谨和细致程度，对于现在的很多工程来说，有很多借鉴之处。

惠陵勘估处除了上述四人外，还有每位勘估大臣选派的司员、算手若干名，由这些人负责核算详细的工料钱粮事务。为了能随时找到这些负责官员，请示和追查责任，当时的《惠陵工程记略》中不但记载了这些司员的姓名，还记载了他们的住址：

兵部尚书广大人寿派二员：

郎中广荫：住西单牌楼二条胡同

员外郎苏佩训：住棉花五条胡同

刑部右侍郎黄大人钰派四员：

郎中余撰：住南横街

员外郎刚毅：住白虎庙

主事郑训承：住米市胡同

主事潘国祥：住绳匠胡同

工部左侍郎何大人延谦派四员：

员外郎耀年：住后泥湾

员外郎郑锡敞：住土地庙上斜街

员外郎潘骏德：住石虎胡同

员外郎澍昀

礼部左侍郎察大人杭阿派二员：

郎中松林：住东单牌楼头条胡同

郎中恽彦琦：住北单截胡同

即使没有固定住址的人，其名字和职务也有记载。

总司稽查为皇太后钦派大臣，由总司稽查派每段工程总司监督一名，负责监督管理各段工程及一切事务；由总司稽查派监督一名，总司整个工程处钱粮事务。

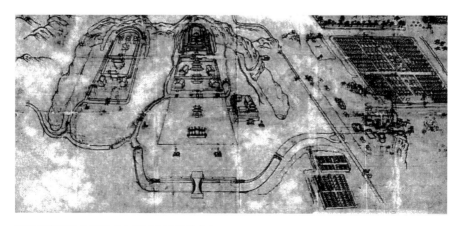

惠陵工程整体鸟瞰图（中国国家图书馆藏）

光绪元年（1875）四月初七日，皇太后派恭亲王奕䜣为总司稽查。由于恭亲王奕䜣并没有派各段工程总司监督，光绪元年（1875）四月初十日，惠陵各段承修大臣各自派出了一名总司监督，这四人为常瑛、德寿、文秀、延昌，并派监督景祺总司工程处钱粮事务。

同时，每段工程由承修大臣派两名监修帮办钱粮。醇亲王奕譞选派花尚阿、国泰；魁龄派玉润、长黻；荣禄派何桂芬、铎洛伦；翁同龢派顾肇熙、张衍熙。

惠陵工程处的银库库银均是指令全国各省解拨银两，分年度解交工程处。银库由二十名兵丁把守，由景祺等各级专职官员负责钱粮的出入事宜，在管理以及银两收放上有着非常严格的程序规定。

为了营建好惠陵，当时清朝在双山峪万年吉地共组建了三个机构，即惠陵工程处、惠陵工程勘估处和惠陵工程总司稽查。其中，惠陵工程处是负责施工建筑的主要机构。

关于惠陵工程处的办公次序即工作事宜和程序，在《惠陵工程备要·办公次序》里有如下记载：

> 谨查惠陵工程处自光绪元年正月起至五年十月止，恭办一切事宜次序目录：
>
> 懿旨钦遵：钦奉懿旨，附近东陵之双山峪地势宽平属上吉之地，著定为惠陵。钦此。
>
> 钦派承修：钦奉谕旨，即行择吉兴工。著派醇亲王奕譞、魁龄、荣禄、翁同龢敬谨办理。钦此。
>
> 奏派人员：具折奏请钦派监督、监修、办事官各员，以资

差遣。

设立档房：择于神机营内设立公所即工程处档房。

派修商人：各堂点派承修木厂八家，曰广丰、恒和、祥茂、天德、万泰、恒顺、广恩、德和也。

借用关防：应行事件借用菩陀峪万年吉地关防，因本工关防尚未领到。

呈进图说：吉穴看定，其尺寸做法及一切规制注说给图，恭呈御览。

钦定规制：钦奉懿旨，著照定陵规制承修。

钦定位次：此妃园寝福地位次也，石券一座、砖券一座[1]，钦定妥协，遵照兴修。

撤石像生：此五孔券桥以北规制也，钦奉裁撤，又省巨款。

筹拨经费：奏请经费由户部指拨各省自元年始，每年统计解拨本工库平银八十万两。

总司钱粮：所有银粮出入派监督副都统景祺总司其事，以专责成。

帮办钱粮：各堂另派帮办监修八员相助为理。

收发款项：每遇解饷到京，刻即兑收发给回批。各商有应领之款，随时开放。

八成放商：修工银两按八成提放。

二成节省：提存二成节省之款，以备各项支用。

---

[1] 砖券应为三座，此处写一座是笔误。

　　动用余平：档房在班次伙食及赴工堂官、监督、监修、办事官与差人等盘费，均由此款动支。

　　每月奏销：每月汇总将所用之款奏销一次。

　　设立银库：亦于神机营内附近粮饷处地面设立，用资照料。

　　添派吏役：头段公事系办事官专司书写，二、三、四段均系添派吏役，以便缮办。

　　添派马差：此头段差兵也。所有京档房及工次往来禀信，专交马差驰递，以期迅速。

　　添样式房：专办陵寝画样及规制、烫样等事，名"雷思起"，其子"雷延昌"皆专门名家，恭办有年矣。

　　拣派算房：专办全工一切销算事件，名"陈文焕""王云汉"者，亦恭办有年，妥实可靠。

　　呈进烫样：全工烫样已齐，恭呈御览后钦遵办理。

　　奏派勘估：现折奏请钦派勘估大臣估算全工钱粮，蒙派广寿、察杭阿、黄钰、何延谦。

　　钦派总司：钦奉懿旨，著派恭亲王总司稽查。钦此。

　　奏派总司：各堂于监修内奏请派充总司监督，头段常瑛、二段德寿、三段文秀、四段延昌，又派总司监督荣贵。

　　恭请关防：元年六月初一日，奉派监修花尚阿、长禄赴礼部恭请惠陵关防。是日，承修大臣率总司监督各员行三跪九叩礼，礼毕锉去印爪即交档房值班监修，敬谨看守。

　　开用印信：六月初一日，开用印信当即行文京内各衙门及直省用印日期，俾昭信守。

住班章程：自头段起，每堂监修住五日一换，每日监修一员。此外，非住班之期，仍按分定班次到档房值日。

请钥章程：按照章程，系头段监修永远请钥，二、三、四各段监修轮流送钥呈划印薄。

画稿章程：各段轮流呈画。

递折章程：各段轮流呈递。

立考勤薄：各段督、修、办事官例应逐日到档房自书考勤薄，以征勤惰。

堂官住工：开工之始，堂官轮流住工，日支薪水银三两，其跟役、马匹照章支领。

开工住班：各段督、修轮流住班，监督日支银二两，监修日支银一两五钱，其余人、骑照章支领。按开工日，每段一督二修三书四役。

停工住班：薪水仍照旧支领，不过停工月份，监修一员、书吏一名、听差二名而已。

发给护照：各员每值赴工住班之际，发给护照，所为沿途验照放行，勿得留难阻滞。

园寝规制：钦奉懿旨，所有妃园寝宝城、方城、明楼、石台、梓罗圈墙，均著撤去，并著添修配殿[①]，其一切规制均照妃园寝建修。钦此。

续拨经费：又经奏拨经费，由户部指拨各省自三年为始，应

———————————

① 配殿后与宝城、方城、明楼、石台一起撤销。

拨修工库平银八十万两之外，每年添拨库银四十万两。

修理桥道：桥道修理为行走练车之用。

查看石塘：查看青白石塘所能挑选石料也。

押运练车：拣派监修各员弹压练车，由石塘挽运石料，以备应用。

查验练车：练车行至安定门外，由各监督轮班查验，均至由天定茶社会齐。

呈进石样：选择上好青白石料恭呈御览。

采买楠楠：由外洋采买大件木料，谓之楠楠，坚实之至。

采买桅架：桅木、架木亦工程不可少之物，随时采买，万勿稍停。

呈进木样：此楠楠木样并有樟杉等木样，一并呈进。

呈进土样：此小夯灰土样也，每筑一步抽挖一方，以备呈进。

采买呈铁：呈铁片铁也，此项山西采买。

咨取颜料：应用颜料甚多，由颜料库咨取。

铸造管扇：咨行造办处，按照式铸造及一切铜质活计。

行取金砖：咨行江苏巡抚，照案烧造金砖寄京备用。

琉璃瓦料：咨行工部转咨琉璃窑照数行取。

拨用砖瓦：钦奉懿旨，将两吉地已经解到琉璃瓦、金砖全行拨用。

借拨款项：曾经具奏请由户部神机营总理各国事务衙门，共借拨银六十八万两，以资接济。

帏幄衾枕：咨行织造衙门，照式恭办。

派查麦地：所有行走练车轧伤麦地之处，派员查明酌给银两以示体恤。

酌增例价：本工采买各项，若照例发价商力，有未逮援，照例价酌增焉。

请旨奖励：合龙、上梁以后，具折请旨可否奖励。

初次保奖：合龙、上梁以后，具折奏请奖励，盖初次也。

代奏谢恩：具折代奏，恭谢天恩。

咨保差役：在工差役不无微劳，酌量咨保，以示鼓励。

碑文字样：碑文系满、蒙、汉三体字样，向由内阁恭领。

匾额字样：匾额系满、蒙、汉三体字样，向由造办处恭领。

免用宝文：恭查向章碑匾均用宝文，此次奉旨，毋庸盖用。

奏催解款：全工将次告竣，所有各省解拨款项应奏催解拨。

奏明工竣：全工修竣，应行奏明。

行知勘估：全工修竣，行知勘估。

勘估查验：勘估大臣照例查验。

移交守护：勘估大臣查验后，咨覆本工，即行移交守护大臣接管。

保固年限：工程保固年限向系十年，此次乃照旧案办理。

岁修银两：提拨岁修之款五千两交东陵承办事务衙门收存。

奉安事宜：所有奉移牵殿事宜，俱详于杂记门内。

恩旨奖励：奉安礼成，钦奉懿旨，赏给承修王大臣及总司监督等奖励，亦向章也。

代奏天恩：具折代奏，恭谢天恩。

二次保奖：遵保在工出力各员，盖二次请奖也。

咨保差役：在工差役，酌量咨保。

余款交库：修工余剩银两，全行移交部库。

回交架木：余剩架木，交回工部。

汇总奏销：全工事竣，应行奏销，将始末用款开列清单恭呈御览，盖汇总大奏销也。

进呈黄册：全工规制做法及动用款项，逐一敬缮黄册四十六函，恭呈御览。

回缴关防：谨将关防回缴礼部。

裁撤档房：工程处京档房即行裁撤。

移交烫样：惠陵暨妃园寝福地两分烫样，均移交内务府收存。

移交稿案：全工稿案亦移交内务府收存。

咨回各员：所有前调各员，应咨回各衙门当差，又咨明吏部各员，并无经手未完事件。

全工事毕：全工至此事乃毕。

二、大工前的必要工作

惠陵工程的所有机构，都是为惠陵工程服务而设立的，因此成立之后，就立刻投入惠陵工程的工作中。当时的工作内容主要有以下四大项。

（一）筹集工程款

古语说得好："兵马未动，粮草先行。"营建皇陵也是一样，没有银子无法开展工作。建皇陵的银子开始是由皇家拨国库支付的。

按理说，惠陵工程处一经成立，就应该奏请皇太后，由户部按照勘估处核准的工程钱粮数指令全国各省分年度解拨银两给惠陵工程处。但惠陵工程时间紧迫，开工之前无法完成工程造价，因此只能参照建定陵工程案，由户部每年先行解拨库平银八十万两用以工程所需，直到解送完全部数额为止。

虽然有户部八十万两银子作为启动资金，但第二年工程银两却还没有着落，光绪元年（1875）十一月初九日，惠陵工程处再次奏请户部拨款。

当时的物价高涨，惠陵工程期限又紧张，开工的第三年惠陵工程处要求解拨银子一百二十万两，第四年要求解拨银子一百八十万两。由于国力衰退，各省应该解送的银子屡屡拖延。因此，除了催请各省尽快解送银子外，惠陵工程处只能四处借款，以弥补增加工程开支的需要。其中，光绪四年（1878）七月二十四日，惠陵工程处通过户部向总理各国事务衙门先行借拨银十万两；光绪四年（1878）十月十八日，惠陵工程处再次向朝廷紧急催款。

（二）规划陵寝总图以及陵寝规模和规制

在正式开工前，对陵寝总体布局开始全面规划，再次勘察并完善陵寝风水以及陵寝附属建筑的妃园寝、内务府的大小圈营房和八旗兵、礼部、工部等营房的选址。

在选定双山峪为万年吉地后，出于风水考虑，原先风水墙上的一些供人、车、马通行的便门也要有所更改，或关闭或另换别处。为了人员进出和运料开设的临时便门，在便门处设立值班房和稽查来往车辆和人员的官兵。当两处陵寝工程完工后，临时开设的便门将关闭。

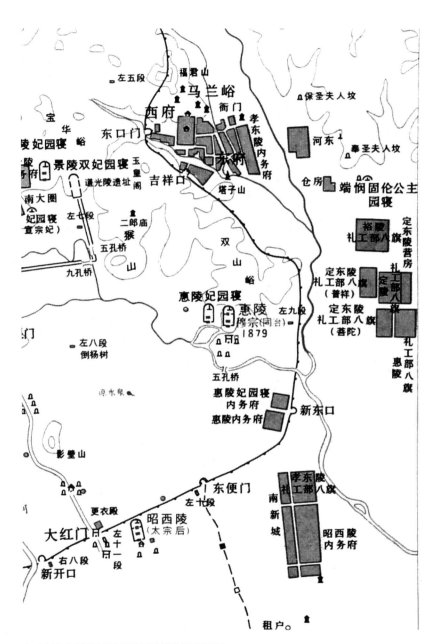

惠陵所在东陵位置及其附属建筑位置平面图

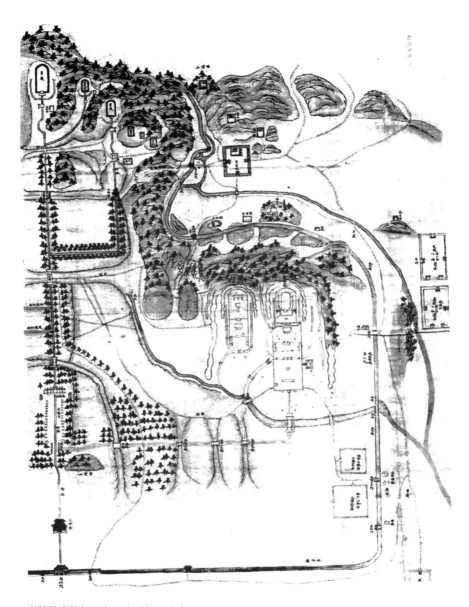

惠陵及惠陵妃园寝风水形势图（中国国家图书馆藏）

惠陵风水墙画样（中国国家图书馆藏）

经过详细考察勘估，东陵风水墙的原东口子门、吉祥门永久关闭，并筑砌墙垣。在东风水墙的东南方位方便出入的合适地方新开东口子门，并于新东口子门之南新开吉祥门。由于计划新开东口子门方位与当年时运不宜，而开工所需物料又必须提前准备，因此拟定在八月初三日惠陵开工日施工，于惠陵东砂山背后的风水墙上选择一处与当年时运相宜部位打开一个暂时缺口，供运转物料及工匠夫役出入。

又据光绪元年（1875）三月初六日的《样式雷图档·惠陵旨意堂司谕》记载，当时位于惠陵北面的马兰峪的塔子山东面的两口水井，也因被认为妨碍风水而被填埋上。并且还需要将惠陵东北角的山头也圈进风

水墙内，并将原惠陵的北、东、南三面风水墙加高六尺。通过这个记载，我们可以知道当时东陵的风水墙因建惠陵又有所延展。

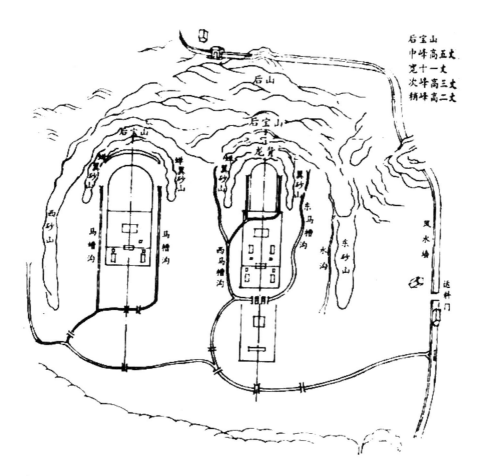

惠陵、惠陵妃园寝及风水墙开口运料平面示意图

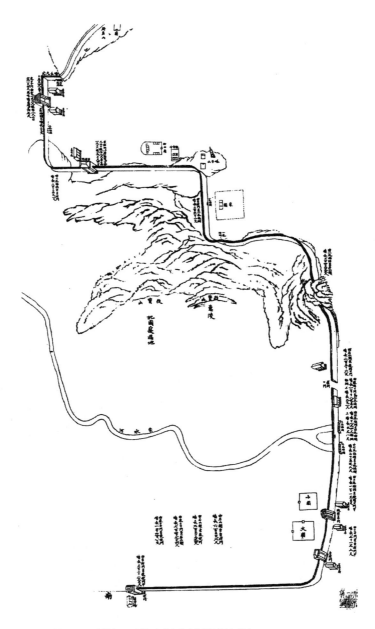

惠陵风水墙、开运料缺口画样（中国国家图书馆藏）

这次又改选了惠陵妃园寝新福地，还在东陵风水墙内的惠陵南侧选定了惠陵内务府大、小圈（惠陵内务府营房和惠陵妃园寝内务府营房）地点，并在惠陵风水墙外的东侧选定了八旗、礼部营房地址。因为风水墙外的土地属于遵化州，因此惠陵工程处行文遵化州，要求丈量土地拨付给惠陵工程处使用。

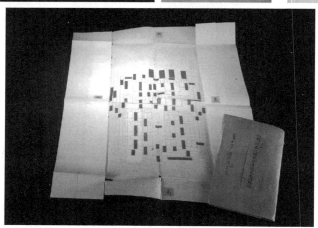

《妃园寝奉祀礼部营房应设房间图样》

此外，还要根据风水的需要移植树木、培补砂山等。对于树木的移植，光绪元年（1875）三月二十一日的《惠陵工程记略》上有这样的记载：

> 有碍工作树株，自应即时伐除。查此项松树均系自生，大者仅有拱把，其余枝干甚小，似易生活。且附陵一带将来尚须广为栽植。臣等公同商酌，拟将现在应去树株咨由马兰镇总兵选派熟谙种树官兵按照指定地方妥为移种，并责令随时灌溉，用资培植。

对于惠陵外砂山和东西两翼砂山以及惠陵后山玉顶山龙脉等风水不足的地方，则采用人工添补的方式。其实，惠陵风水山势上的不足，皇太后也有所察觉。光绪元年（1875）九月二十三日，皇太后和光绪帝视察惠陵工程时，皇太后站在五孔拱桥处远眺惠陵，当即就指出惠陵后宝山"山势似低"。于是，惠陵工程处派人勘查惠陵后宝山，并拟出培补方案。

由此可见，当初选择双山峪为惠陵时，其风水并非完美无缺，因此当双山峪正式定为万年吉地后，就要根据风水的需要进行部分人工添补。

惠陵及惠陵妃园寝使用的大件木料为进口的楠楗木。这种木料非常坚硬，密度极高，当地有"铜操""铁操"之称。据《异物志》记载，"梓楗，树大十围，材贞劲，非立钢截不能克"，十分珍贵。营建惠陵工程共用掉"楠楗木见方尺八万一千二百三十五尺二寸八分，耗银二十一万七千七百一十两五钱五分"。惠陵工程处施工所需的架木，为了降低成本，除了通融挪用菩陀峪万年吉地原有二万余根外，另外的三万多根则由承包商负责采办。为了降低成本，所有这些采买的木料，"著免纳工关税课，他处不得援以为例"。

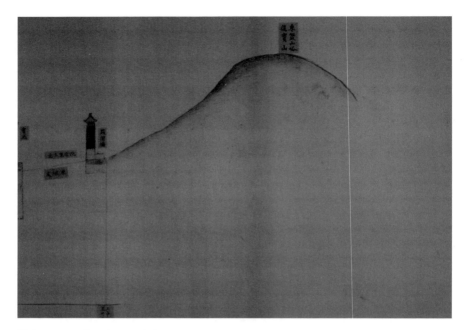

样式雷图——东双山峪 后靠山

清朝帝陵后宝山风水模式示意图。帝陵后宝山与左右砂山的景观效果：环抱有情，不逼不压，不折不窜

惠陵隆恩殿内被破坏的楠楗木柱子

（三）重新测绘编制陵寝规模、规制及工程预算

虽然陵寝的规划和设计在初选陵址时就已经开始了，但是当陵址被正式钦定后，以上工作需要重做一次，不仅要对原先方案进行细致的修改和补充，还要根据皇帝或皇太后的意愿对原先预定方案进行修改或补充，做出最后的设计方案，再次上奏钦定。此外，根据实地勘察或实际施工遇到的各种问题进行适当调整性修改或补充，在营建过程中，这种变更情况会经常遇到，甚至是多次改变。

1.选定双山峪为万年吉地后，惠陵总体上是奉旨参照咸丰帝定陵的规制设计的。因此，在营建惠陵时，没有出现营建定陵时发生的规制之争。

何为定陵规制之争？原来在营建定陵时，当时工部右侍郎宋晋上

折两宫皇太后，提出"慕陵规制朴实俭约，万古可法，现在定陵工程可否仿照办理？"最后两宫皇太后决定，还是按照预定的方案修建定陵。因此，在确定惠陵规制究竟是按照哪种时，醇亲王奕𬤇于光绪元年（1875）二月二十七日将两种建陵方案一并上奏给皇太后，请示钦定。接到奏折后的当天，皇太后决定，惠陵规制仿照定陵规制建造。

三月初八日，样式匠雷思起对惠陵工程提出了一些修改意见：宜比定陵展出二十余丈，且应该先试挖看看是否有地下水。《翁同龢日记》记载，光绪元年（1875）三月十二日，"是日刨至五尺，土色润"。三月十三日，"是日开至二丈一尺五寸。自一丈二尺起，土结如石，微有白星，以下渐结，渐坚如石，而劈之能开，并无水泉，可喜也"。三月十四日，开至二丈二尺五寸时，"下有渐结成石之块，一丈之上皆纯土也"。事实证明，惠陵地下的土壤非常好，适合建陵。这是非常令人满意的结果。

当惠陵规制确定下来后，惠陵工程处于光绪元年（1875）三月十二日择吉举行祭祀山神、后土、司工等神的破土礼，用金铲银镐开刨金井，并在金井之后的方位挖样坑，检查地下水位高低及其土壤质量，确认为吉壤后再回填。金井不回填，还要覆盖斛形木箱，派兵看守，并将穴位之吉土[①]、气土[②]盛于袋内，吉土以黄绫袋盛之，气土则盛于红布袋内，各拴木牌并注字说明，放在黄斗、红斗中，派监修恭送东陵承办事务衙门尊藏。与此同时，还要将吉土和气土另封存一份，恭呈御览。之后，根据皇太后审议意见，惠陵工程处再次令人重新规划设计惠陵工程。

---

① 皇帝陵地宫金井之土，称为吉土。
② 妃园寝地宫气土眼之土，称为气土。

样式雷图——宝床金井

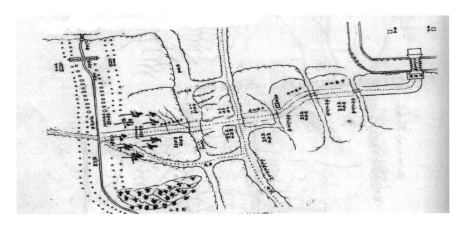

原先绘制惠陵神路及桥座地盘画样（中国国家图书馆藏）

根据惯例，惠陵神路需要接到孝陵神路石像生东望柱南的神路上。照例，惠陵的神路由惠陵工程处负责建造；惠陵西下马牌至孝陵七孔拱桥处长六里的御路，由马兰镇总兵衙门负责修建。

平时，马兰镇总兵主要负责东陵风水墙外的安全保卫工作，其兵员是以汉族人为主的绿营兵，其管理衙门为马兰镇总兵衙门。这次马兰镇总兵接到了辅助惠陵工程兴修御路的任务，协同惠陵工程建设。而说到工程，这必然涉及银两开支，而该衙门并没有这项预算费用，于是只能将此事上奏皇太后，请求拨付修建御路的款项"实银二万二千九百九十八两五钱"。接到奏折后，皇太后批准马兰镇总兵的请求，并令李鸿章立刻筹办此事。

通过这件事可以看出，当时参与惠陵工程的还有马兰镇总兵，其所负责工程项目费用是需要朝廷来解决的。这也就告诉我们，当时惠陵工程并非全部由工程处完成。

2.在定陵规制基础上发生部分改变。

光绪元年（1875）三月二十一日，皇太后就惠陵工程召见醇亲王奕譞等人并廷议总规划方案，有朝臣对部分规划内容发生争议，李鸿藻建议裁撤惠陵石像生及惠陵至孝陵神路，以节省工程开支，醇亲王奕譞等对此反对。

虽然醇亲王奕譞等人反对裁减石像生，但在四月初七日这天，皇太后还是最终决定参照慕陵做法，裁撤惠陵石像生和连接孝陵的神路，却保留了一对望柱。后来，因为惠陵没有修建连接孝陵的神路，民间谣言四起，传说其原因是同治帝无嗣。但通过档案记载可以证实，惠陵之所以未建神路接孝陵主神路，主要是从节约建陵经费的角度考虑的。

3.在建筑规制和做法上发生部分改变。

在惠陵建筑规制上，恭亲王奕䜣与醇亲王奕譞的意见也不是完全一样的。恭亲王奕䜣的意思是仿照定陵规制，而醇亲王奕譞则以"用期巩固"为由，称"菩陀峪做法特好"，于是令人在定陵基础上，又仿照菩陀峪定东陵工程做法修改了二十二条。据《样式雷图档·惠陵堂司谕日记随工事》记载，这二十二条内容如下：

（1）大槽加桩杆。

（2）方城内隧道券象眼墙改安青白石。

（3）闪当券、隧道券、砖平水墙改石平水四层，安土衬一层。

（4）隧道前石券一道。

（5）台石五供下埋头砖改为豆渣石。

（6）方城前月台礓磋刨通槽，加添埋深灰土。

（7）方城内砖改豆渣石，添豆渣石过梁，添锡背。

（8）明楼台帮外口添石散水，荷叶沟外擎檐石相连。

（9）明楼内石过梁不露明，打磕绊，上满堂金砖地。

（10）券洞内毋庸墁石，仍墁金砖。

（11）各院内添立墁砖一层，加灰土二步。

（12）台座下柱顶下加桩，衬平黄土，俱改筑灰土。

（13）龙须沟口添下□一段，添石窗棂。

（14）龙须沟加打磕绊，□灰缝，沟盖上满筑灰土。

（15）罗圈墙更道并面阔墙下齐灰土，槽开加宽一尺，加埋深

一尺，增灰土四步。

（16）花门泊岸，埋深加一尺，改豆渣石，里面墙下添土衬
一层。

（17）花门内沟桶，改用整块豆渣石，凿打透孔。

（18）各座踏跺礓磋，均与各座刨通槽。

（19）三路三孔桥河桶开宽二尺六寸，平桥金门加宽。

（20）河帮里面，石□后改细砖散水。

（21）神厨库地势垮下，添豆渣石泊岸。

（22）下马牌地势低洼，添豆渣石，里头青白石土衬。

通过详细列出的这些改变细节工程可以看出，惠陵的工程虽然模
仿了定陵，但在很多细节上与定陵还是有出入的。当然，惠陵的这些
细节改变，更加科学合理，有利于建筑的坚固和美观。通过实地验看，
这二十二条中有的没有办。比如明楼券洞内地面仍是墁石而不是墁
金砖。

4.承修大臣的任性使部分建筑规制发生改变。

光绪元年（1875）四月二十一日，恭亲王奕䜣令人仿照北京天安
门华表做法，将惠陵望柱下也添加上石栏杆，四面四柱。

光绪元年（1875）四月二十五日，醇亲王奕譞又奉皇太后懿旨，
将惠陵地宫金券内棺床两侧垂手石床撤去，只用正面石床五张。后又
将惠陵哑巴院内方城后转向礓磋改为踏跺。

由此可见，惠陵在遵照定陵规制基础之上，又仿照了道光帝的慕
陵和慈禧太后的菩陀峪定东陵的一些做法，并且还根据实际情况有自

己的一些创新。

此外，惠陵在日后实际营建过程中，工程的一些局部细节也在不断地补充、修改及完善。

（四）各段工程招商

当惠陵工程的初步方案和烫样经过不断修改完善并钦定后，样式房和算房便依据定好的方案设计和编制详细的《工程做法》，包括应开挖修建的河道、桥梁等工程。将做好的《工程做法》交到工程勘估处，勘估处根据《工程做法》做出《工料钱粮约估细册》，以及从工部、内务府等库存中支取物料所必需的《行取物料清单》。承包各段工程的厂商根据《工程做法》中绘制的建筑详细设计图、各项工程设计的规模和原则性做法及用料施工。遇到施工困难时，建筑的工程做法也会根据实际情况有所修改，如碑亭地脚刨七尺深不能下桩，微有水津痕迹；牌楼门刨一尺，亦难下桩，将来须改筑灰土。工程处根据钦定后的《勘估工料钱粮细册》算出来的工程造价给承包商发放银子，每月汇总奏销。建筑承包商通常称为"木厂"，是私营企业，通常只有掌柜、坐柜（管业务）、作公（管事务）、书写先生及木工头和瓦工头，有工程的时候再临时招聘专职工匠和民夫（小工）。

整个工程，各段工程的工程量多少和重要性，与承修大臣的爵位高低以及与皇帝或皇太后的宠信程度有关，然后根据分段由承修大臣自行决定将自己管辖的工程分派给木厂，木厂负责建筑施工，并接受官方监督。这些木厂都会千方百计与高级官员建立私人关系，以便能在承修大臣那里拿到一些皇家的建筑工程。据《惠陵工程备要》中的《办公次序·派修商人》记载，承包整个惠陵及附属建筑工程的

木厂有八家，它们分别是广丰、恒和、祥茂、天德、万泰、恒顺、广恩和德和。

　　光绪元年（1875）四月十二日，根据钦定，惠陵、惠陵妃园寝及衙署营房均分为四段，衙署营房包括内务府大小营房、礼部事务营房、八旗营房及工部营房等。

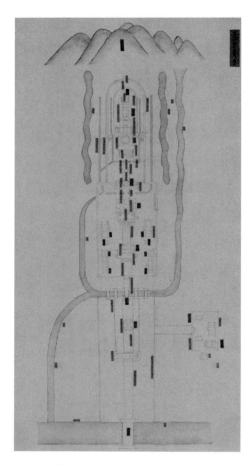

惠陵修拟工程地盘尺寸图式

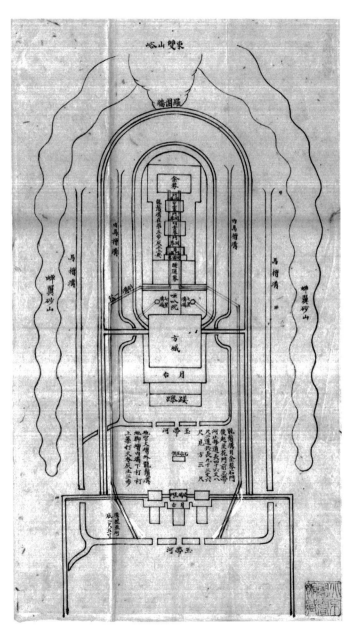

惠陵陵寝后院平面设计图

承修王大臣指定自己所属工程承包厂商后，各段工程内的具体活计是由每个承包厂商通过抓阄方式来确定的。

光绪元年（1875）七月二十三日，各承包厂商在京档房分活抓段。

抓阄之后，各厂商可根据自己的实际情况，经请示承修大臣后，将分到的活计彼此间进行适当调换，然后各自领取活计分修计单和施工范围的彩色分活图。

在实际施工过程中，如果有新工程增加，仍由所属承修大臣指派承包厂商施工，同时对已经分派的工程也可能适当调整分派或改派，甚至再次抓阄分配。由此可见，各家木场所承包的工程并不固定。

还有，除了所承包的活计外，各承包厂商还要负责在所承修范围区域内的挖树坑工作，由此产生的费用各自负责。这种做法不仅可以绿化陵寝周围环境，还将减少由此可能带来的朝廷负担，真是一举两得的好办法。

通过以上记载我们发现，看似简单的一座皇陵，当时设立机构的科学合理性是很重要的，这些机构既有办公机构、营建机构，还有监督机构。这为皇陵的正常营建提供了有力的保证，也为皇陵的质量提供了追责依据。

三、陵寝营建程序

虽然惠陵规制比定陵规制简单了一些，然而施工程序和礼仪却一点不简单，工序一样都不少。这主要表现在以下三个方面。

1.施工期间开工停工时间有序，紧张但并不忙乱，而是有条不紊、井然有序。

在惠陵工程施工的三年多时间里，为了适应气候的变化，在每年的营建过程中，由于夏至以后"天气炎热，工作诸多不便"，而在霜降以后"天气渐凉，泥水各项工作诸多不便"，全要照计划暂时停工，避开伏暑隆冬，等春融或秋凉再择吉日开工。惠陵工程要经历停工和开工两个时段，并非不间断地天天施工。一般夏季停工一月至一个半月，冬季较长，达四至四个半月。

实际上所谓的停工，也并非全部工作都要停止。在工程进展初期，多于冬季停工时利用地冻坚实的有利条件，组织承包商及匠夫铺路架桥，开赴石塘采掘石料，拉运至工地。而在夏季及各工程后期冬季停工期间，督催各匠役继续做有关石活，以便开工后石件能及时应用。此外，一些比较重要的工作也不能因停工中止，必须一直施工。这些工作包括以下两个方面：

（1）惠陵工程搭盖地宫大罩棚甚至明楼上梁，都在冬季停工期内进行。

（2）惠陵工程中，各碑、牌、开刻碑文、填金填漆，地宫明堂券内册宝座安位，地宫石门上八尊菩萨开光即开凿眼珠，悬挂匾额，安设隆恩殿内供桌、陈设，以及清理地面、成搭候时芦殿等工作，都在本来应该停工的隆冬季节，即光绪四年（1878）末至光绪五年（1879）初继续进行，直至完工后由惠陵承办事务衙门派员接收全段工程。

实际上，除伏暑、隆冬按计划停工外，在开工期间，凡是遇到大雨等恶劣天气使露天作业难以进行时，也要暂时停工，称为"挂队"，或称"下雨挂队"。而在平时，则统一号令，清早鸣锣，各工种集合完

毕一起上工。到早晨开饭时，也鸣锣为号，停止工作，休息吃饭。此时，仍有工作者，称为"卖歇"，类似于现在的加班，要额外追加工钱，以示鼓励。傍晚鸣锣，各工种停止作业，回住所就餐、休息；仍有工作者，称为"卖晚"，其增加工钱与卖歇一视同仁发放。为防止出现错乱，便于督工监察，每天的出工情况、发放工钱或工饭情况、出工各项人员姓名等都必须每天书写登记，由厂商工头交给督工官员存档，卖歇或卖晚工人花名单也要登记存档。

因此，惠陵工程的每年开工、停工情况如下：

（1）光绪元年（1875）八月初三日开工，当年九月二十日停工。

（2）光绪二年（1876）二月初二日开工，闰五月初六日停工，以避开炎热的夏季，称为"歇夏"；光绪二年（1876）七月初六日开工，九月初九日冬季停工。

（3）光绪三年（1877）正月二十八日开工，五月二十九日停工歇夏；光绪三年（1877）七月初八日开工，十月初一日冬季停工。

（4）光绪四年（1878）二月初二日开工，六月初一日停工歇夏；光绪四年（1878）七月十六日开工，十月二十五日竣工。

2.各种烦琐、隆重的施工礼仪。

在施工过程中，每年的开工及主体建筑开始和主要工序的完成等，都要按照制度选择良辰吉日，举行隆重的施工、完工典礼，以表示对皇陵的敬重并激励士气。

吉期选择，如动土，每届开工，刨槽、下桩、开夯、奠基石、竖柱、立碑、上梁、合龙等关键程序，由皇帝命钦天监敬谨选择吉日，由皇帝钦定；次要程序则由钦工处自行选择吉日。行礼仪式有多种形式，并非千篇一律。其中，主要的典礼有：动土典礼，开工典礼，地宫金券合龙、隆恩殿上梁及合龙典礼，开刻碑文典礼，恭悬匾额典礼和恭制神牌典礼。为避免礼仪繁乱，如果有多项工序交接，就要在工程中协调各方，使数项典礼在同一吉期举行，如地宫金券合龙与隆恩殿上梁庆典，即多在同期。

为了更好地了解这些典礼，下面一一简单介绍：

（1）动土典礼。动土，又称"破土"、"取土"或"起土"，标志着陵寝工程开始进入营建程序，典礼自然隆重。除由钦天监选择吉日外，都必须由承修王大臣援引制度，奏请皇帝，由礼部太常寺拟定礼仪并遣官，由翰林院撰拟祝文，赴工地隆重祭告山神、后土、司工之神，在工官员则由承修王大臣亲自带领，行一跪三叩礼。然后，用金铲银镐在穴位处掘土。这初掘之土，在帝、后陵，称为"吉土"，在妃园寝称为"气土"。吉土用黄绫袋盛装，气土则装在红布袋内，分别拴上木牌并注字说明，然后放在黄斗、红斗中，由监修数人恭送至东陵或西陵承办事务衙门尊藏。等到大葬前期才取回，并由钦定王大臣捧入地宫，分别放入帝、后陵金井或妃园寝之气土眼中。此外，动土之日，还要将穴位处掘取土样帖签注字说明后恭呈御览，以示对皇陵的敬重。惠陵是于光绪元年（1875）三月十二日午时动土的。

（2）开工典礼。开工典礼除与动土典礼同期举行外，礼仪相对比较简单。如每届停工后再重新开工的典礼，只需钦天监选择吉期，由在工王大臣或监督率领董工官员行一跪三叩礼。

（3）地宫金券合龙、隆恩殿上梁典礼。地宫金券合龙、隆恩殿上梁是陵寝工程中最核心的工序完成的日子。前者以安砌金券拱心石为

标志而完工，然后再砌砖修成蹬券、蓑衣顶等；后者则以安装明间脊檩而完工，然后铺钉椽望、苫背、抵瓦、调脊砌合。因此两者都属于工程重要的典礼，按规定由在工王大臣率领官员人等，遵照钦天监选择的吉期，行三跪九叩大礼，然后合龙、上梁。

在道光朝以前，五座帝陵的圣德神功碑亭[①]和东西陵大红门的上梁典礼，因为建筑非常重要，也要行三跪九叩礼。

（4）隆恩殿合龙典礼。陵寝主体建筑隆恩殿的合龙典礼，选择吉日行一跪三叩礼，但这个时候必须同时安奉"上梁什物"及宝匣，这个程序非常特别。安奉于隆恩殿正脊中央脊筒中的宝匣和内盛上梁实物，按照规制，由钦工处事先上奏，由皇帝发文内务府等负有管理职责的衙门按照规定做好准备，到时应用。

所安奉宝匣为铜质镀金长方匣，内盛金、银、铜、铁、锡锞子各一锭，谓之五金；五色宝石各一块；五色缎，即蓝、绿、红、黄、白等五色缎各一尺；五色线，即蓝、绿、红、黄、白等五色丝线各一两；五香，即芸香、降香、檀香、合香、沉香各三钱，也有以乳香代芸香的；五药，即鹤虱、生地、木香、防风、党参各三钱，也有以人参、茯苓代党参、防风的；宝经即经卷五页；五谷，即高粱、粳米、白豇豆、麦子、红谷子各一合。以上各物合称"上梁什物"。

宝匣这种厌胜祛灾、冀望吉祥的上梁什物，在清朝道光朝以前诸帝陵圣德神功碑亭与东西陵大红门、帝后陵明楼的正脊中，也都有安奉。

---

① 孝陵及孝陵以前的圣德神功碑亭称神功圣德碑亭。

（5）开刻碑文典礼。开刻陵寝明楼朱砂碑、神道碑、下马牌以及前期五朝帝陵圣德神功碑等碑文时，按照钦天监选择的吉期，行三跪九叩头大礼。其镌刻碑文通常是皇帝御笔，按规定必须先由内务府御书处敬谨双钩拓写，呈给皇帝御览后奉至内阁供奉。在镌刻碑文之前，还必须上奏皇帝，得到批准后，由工部堂官赴内阁恭领，奉迎至工部衙门内安奉。然后，再由工部派员，恭请彩亭，将御书碑文的双钩拓片奉于彩亭内，配备抬夫每日两班，每班抬夫八名，帮夫四名，执龙旗、御杖夫四名，出正阳门离开北京，恭送至陵寝。沿途要分成三晚休息，分别在途中行宫内供奉。到达陵区后，要先在东西陵大红门内更衣殿供奉，直到按照钦天监选择的吉期，行大礼完成后，再由御书处专门挑选的镌字工人敬谨镌刻。另外，在碑文刊刻完成之时，填金填漆之前，也必须选择吉日行礼，只是礼仪稍微简单些，只行一跪三叩礼。因惠陵没有建圣德神功碑，朱砂碑碑文和神道碑碑文也不是皇帝御笔亲书的，所以这个过程和礼仪惠陵没有。

（6）恭悬匾额典礼和恭制神牌典礼。悬挂陵寝匾额、恭制神牌，是帝后崩逝、敬上庙号与谥号以及择定陵名后，在大葬之前的工作。此时，因陵寝工程完工后，各项典仪有董工官员随同钦派王大臣进行，于是成为陵寝工程完工的标志。

3.严格的监工和适当的奖励。因为陵工是国家的重要工程，称为"钦工"，因此除了承包商要求各段工头严格管理和监督匠役工作外，工程处也要派遣巡守的弹压官兵以及监督人员直接参与监督施工，使匠夫不得怠慢工作和玩忽职守、惹是生非。与弹压官兵责任偏重于整顿纪律相比较，钦工处在工官员督工事务，主要是监视各工作进程及

其质量。如工程中小夯灰土施工，每槽灰土行夯，要有官人二人监理，对面站立，手拿竹竿五尺各一根，拦挡夯夫，不足二十四夯或夯筑效果不好，都不准往前挪夯。旱夯后落水，也要有监修二人、官人四名点气纱灯值夜监视，总要将水落妥，并要求挑水灌满贮水大桶，以便第二天用于夯洒水花。等到清晨，挖开落水后灰土，检查其中是否还有干土。至于每步灰土夯完，还要抽挖土样，仔细查看是否一律坚实匀净。检查合格后，才能贴签注说，恭呈御览，以示慎重。否则必须返工，并追究责任，罚款赔付。为了使工程进展顺利，还对工作出色的匠役人员给予一定的奖励，即在薪水之外额外加钱。

光绪元年（1875）八月初三日，全工遵照吉日开工，所有各座开刨大槽，督工官员监察，认为"各厂派出匠夫均尚属勤奋"，在工承修大臣翁同龢等马上按照规定谕令奖赏，以"属初次开工"，"应从优酌给奖赏，用昭激劝"，要求承包商传达并执行，并上报人数及名单，由工次档房照名单发放，各项头目每名奖京制钱一吊、匠夫每名奖京制钱五百文。

在这之后，随着工程的进展，刨槽毕、搭大罩棚、停工采石，挽运物料、开夯等，都按规定行赏。仅仅龙须沟安装工作一项，就奖赏三次。凡是这种赏钱，都按照匠夫技艺高低、出力大小而分成不同等级，以鼓励士气。如灰土夯毕给赏，大夯、小夯头目京制钱各八百文；头二夯夫，管旱夯小头目，搂灰土、上灰土、打旗、敲板、洒水诸夫役，每人四百文；随槽洒砖面夫，每人二百文；旱夯、尾夯夫，每人一百五十文；小夯童子夫，每人仅一百文。除地宫金券合龙与隆恩殿上梁成功后请旨钦准的奖励，以及全工告竣后恩旨奖励外，凡是由钦工处工次档房发给的赏钱，都在陵寝工程费用中扣存的六分余平银项下开支。

据《惠陵工程备要·兴修次序》记载，惠陵工程具体工作项目和内容实施程序如下：

惠陵暨妃园寝福地各座自光绪元年八月开工起至五年闰三月完工止，做法次序。

目录

相度地势：钦遵于东西两陵地方敬谨相度，择佳壤焉。

详定志桩：志桩即点穴之处，穴已点定，再加详慎，用志桩之也。是时，带同风水官李唐、李振宇看定惠陵癸山丁向兼子午三度；妃园寝福地兼子午五度。

丈量灰线：全局规制丈量妥协后，其尺寸形势用灰线志之。

全局顺溜：自北而南，各段地面顺溜成做，以防积水。

详细抄平：灰线既定，再将平高垫低之处俟清晨时用水平详细抄出，将来盖建始能全局。此全工第一要关键也。

遵吉破土：遵照钦天监选择吉期，一律破土，并将吉土、气土盛于袋内，恭送惠陵承办事务衙门。

砍伐树株：各座地面凡有碍工作树株尽行伐除。

铲除草皮：即将草皮铲除净尽，以便工作。

成砌线墩：地面既净，又将灰线复行丈量，即砌线墩，所有中线及高低尺寸俱用墨线画于线墩之上，并注写清楚，以示准绳，以免舛错。

遵吉开工：遵照钦天监选择吉期，一律开工，不仅破土也。

各座刨槽：谨按灰线刨槽，槽口墙槽在内，地高者撤土，洼者填槽也。

刨挖客土：本工之土曰槽土，外运之土曰客土，刨挖挽运，所以补增之不足也。

成搭饯桥：工作稍有规模，必须成搭饯桥，以便上下往来之路。

搭大罩棚：开工后刨槽已毕，时近隆冬，接搭地宫大罩棚，以备次年筑打灰土之用。

隆冬保护：时届隆冬，所有已成工作，恐其冻裂，用砖木加意保护，以免疏虞。

筑下桩丁：木之径大而长者曰桩，径小而短者曰丁，均以柏木为之。桩以铁碣筑下，丁由铁锤筑下，所为坚地基也。本工奉堂谕，另绘桩图，注明落深尺寸，详尽之地。

安掐当石：桩丁筑毕，即用锯截去，仍留五寸桩丁头，再用河光碎石掐桩丁夹空处益坚。

灌挑花浆：灰浆泡妥，灌于掐当石隙间，以防石子走错。

小夯灰土：地宫及殿座、桥座，均用小夯筑打，盖四成灰，六成土也。灌浆已毕，俟其阴干，接筑灰土，按筑成五寸为一步，为天家始能用焉。

大夯灰土：地面均筑大夯灰土，不起挖样土。

起挖样土：按小夯灰土每筑成一步后，于废槽处抽挖灰土一块，各曰样土，照例进呈。惟底步、顶步向不起。

砌底垫石：灰土步数筑齐，接安底垫豆渣石，每安一层，随灌灰浆，以灌足为度。

砌埋深石：垫底石料以上接安者，均谓之埋深石，皆采豆渣石石料，以其不露明之意也。

砌压面石：即露明之意，有青白石、豆渣石之不同，然名目亦不一矣。

安龙须沟：地宫自金券起，安有龙须沟二道，顺溜成砌。自此以后，均系地宫做法。

砌平水墙：金券各面接砌青白石墙。平水者，立墙也。

接安券石：金券以南门券共九道，次第接安青白石料。

接安石门：各门券石料成砌时，接安青白石门扇，共八件。

接錾佛像：门扇安齐，接錾菩萨像八尊，每扇一尊。

安铜管扇：金券门扇以上，谨安铜质管扇，即如寻常住屋上之上槛也。

安石瓦片：各门券以次接安者。所谓石瓦片，盖青白石大件整石錾成瓦垄形势也。

宝床安位：金券平水墙既有规模，谨将青白石宝床安位。

砌背后石：青白券石以后，接砌豆渣石料。

砌背后砖：青白券石以后，接砌背后砖。

打背后土：背后土后，接筑背后小夯灰土，又名填镶土。

接砌城身：背后土以后，接砌城身澄浆砖料。

接砌女墙：城身以后，接砌澄浆砖女墙。

筑打宝顶：城身之内，接筑小夯灰土，直到宝顶，作长圆形式。

抹包金泥：宝顶筑妥，接抹包金细泥。包金者，金红色也。

接砌方城：方城在地宫以南，所有城身，亦用澄浆砖接砌。

接砌明楼：明楼在方城以上。一切砖料次第接安。

竖立碑座：明楼以内，应遵照钦天监选择吉期，敬谨安设青白石碑座，竖立青白石碑身。

砌罗圈墙：宝城以后，应有罗圈墙，次第接作。

各座礩墩：各座压面石安齐后，应接砌豆渣石礩墩石料。礩墩者，柱顶石之谓也。自此以后系殿座、宫门、厨库、井亭、牌楼、望柱、下马牌等。

遵吉竖柱：遵照钦天监选择吉期，敬谨竖柱。

遵吉上梁：遵照钦天监选择吉期，敬谨将各座上梁。

金券合龙：遵照钦天监选择吉期，即将金券所留券石一块敬谨合龙，此钜典也。

大殿上梁：遵照钦天监选择吉期，即将隆恩殿敬谨上梁，亦钜典也。

接砌墙身：柱木竖立后，接砌澄浆砖墙身。

接钉椽望：竖柱上梁以后，用松杉等木接钉椽木望板。

苫灰泥背：椽望钉齐，接苫泥灰顶背。

瓶琉璃瓦：灰泥背苫妥，用铁排子扎实，接安琉璃瓦片。正陵用黄色琉璃瓦，妃园寝福地用绿色琉璃。

安瓦帽钉：钉之名有二，曰"腰钉"，曰"檐钉"。钉之体质亦有二，有琉璃，有黄铜。中间均安有铁钉，自瓦背穿下，直达椽望，收防瓦料脱落之病。

接砌各墙：有面宽、进深之不同，次第砌筑大砖，墙顶亦砌琉璃瓦件。

接安窗棂：窗棂做妥，次第接安。

接安门扇：门扇做妥，次第接安。

供奉宝匣：此节专为隆恩殿正脊而设，谨将珍宝及五彩线供在其中。

大殿合龙：宝匣供妥，谨将大殿合龙。

安设石台：即石台五供。

细墁金砖：正陵（惠陵）及妃园寝福地各座应墁金砖之处，一律细墁。

地面墁砖：正陵及妃园寝福地各座应墁澄浆砖之处，一律细墁。

抹饰墙垣：均以红土泥抹之。

各座油饰：此层工作为日甚久。

接钉檐网：各座油饰后应钉檐网之处，照例接钉，以防鸟集。

成砌水盘：此碑亭内工作也。水盘在碑趺以下，用四块青白石厢安，四角鳌鱼、鳖[①]、虾、蟹，此外皆鳌水纹，鳌极细。

---

① 虽然这里写的水盘四角雕刻的是鳖，但实际上雕刻的是龟。鳖，俗称甲鱼、水鱼、团鱼和王八等，背黑无花纹，生活在我国南北各地，多栖于池沼、河沟、稻田中。龟，乌龟背上有分块花纹，俗称龟纹，龟亦是长寿的动物，生活在五大洲四大洋中。为什么说水盘上雕刻的是龟而不是鳖呢？理由是：其一，水盘上雕刻的动物背上有龟纹，有龟纹的只能是龟，因为鳖背上无龟纹；其二，水盘上雕刻的纹饰为海水江崖，顾名思义，水盘四角所雕刻水族都应该是海里生长的，海里有海龟，鳖则是生活在淡水中；其三，龟与鳖相比，龟更长寿，在古时被称为吉祥动物。鳖，又俗称"王八"，妻子出轨，丈夫常被骂"当了王八"，显然有侮辱之意。鳖不如龟长寿，故民间有"千年王八万年龟"之说。又，皇帝被称为"万岁"，故此在帝陵中，碑亭水盘上只能雕刻有吉祥含义的龟，寓意皇帝千秋万载永坐江山。所以，水盘上雕刻的只能是龟，不可能是鳖。

惠陵神道碑亭水盘

惠陵神道碑亭水盘之鱼

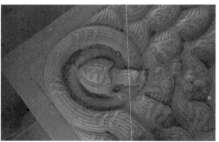

惠陵神道碑亭水盘之龟

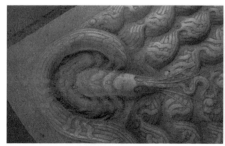

惠陵神道碑亭水盘之虾

惠陵神道碑亭水盘之蟹

　　碑趺安位：水盘砌妥，接安碑趺，即赑屃也。

　　碑身安位：碑趺安位后，接立碑身，亦钜典也。

　　监立牌柱：牌楼门压面石安妥，即接竖青白石柱也，柱身用天秤竖立。

　　接安抱鼓：柱身立齐，接安抱鼓。抱鼓者，牌柱以下之石也。

　　监立望柱：望柱形式系按六面成做，细錾云龙，巍然独立矣。

　　接安龙顶：望柱以上之石。

　　接安栏杆：望柱以下之石。

　　立下马牌：牌有东西之分，盖两座焉。

　　安盘鐅井：盘者，井底本盘；鐅者，层层接砌也。

　　接砌井身：周围井身均用大城砖接砌。

　　安河光石：井身背后石料。

　　打背后土：河光石背后灰土。

　　接砌井阑：井口以上石料。

　　接淘井水：井水须淘干净，以接新泉水为度。

　　神厨安灶：厨内灶口，次第安砌。

　　神厨安锅：厨内广锅，次第安妥。至于锅口件数尺寸详于杂记门内。

　　安省牲池：省牲亭内工作，所为退牲之用。

　　朝房锅灶：东西朝房，应安锅灶，亦一律接砌。

　　安装板石：装板者，桥座以下底垫石也。自此以后，系桥座做法。

　　砌河底石：此项石料在桥座以外。

砌河泊岸：河底两旁，用豆渣石层层垒砌。

抱角山石：泊岸尽处接砌山石抱角，盖求坚实之意。

安金刚墙：装板石上，接安金刚墙，桥座始基也。其名目有分水金刚、雁翅金刚之不同。

接安桥券：金刚墙砌安，即将桥券接安。桥券者，桥洞之谓也。

砌背后石：桥券之外，接安豆渣石料，谓之背后石。

砌背后砖：背后石之外，接安大糙砖，谓之背后砖。

接安仰天：砖石砌齐，接安桥面青白石，谓之仰天之谓也。

接安栏板：仰天石以上，桥边所安者。

接安栏杆：阑杆上石料。

安如意石：桥翅应安者，谓之如意石。如牌楼门柱身以下抱鼓石样也。

下铁银锭：河底石砌齐以后，按接缝处镶安铁银锭并灌浆，以防走错。

立下马桩：此妃园寝一孔石券桥以南工作也。桩身以木为之，如望柱规制，不过小其局势。

培补龙脉：宝城罗圈墙以外，山势较低，查明龙脉，敬谨培补。自此以后，皆外局也。

接堆砂山：此东西大砂山也，用素土接堆，做成环抱形势。

蝉翼砂山：此东西里层小砂山也，亦用素土培堆。

添建汛拨：于全局之外，查清段落，添建汛拨房间，以期看守。至于某段名目某房数目，详于杂记门内。

修风水墙：东西面风水墙有坍塌缺欠处，赶紧修补，以昭严密而杜往来。

修补涵洞：风水墙以下放水处，谓之涵洞，亦应修补，以期疏通而免穿越。

修建大圈：大圈，所以备惠陵差也，及时修建，俾专责成。至于房间数目详于杂记门内。

修建小圈：小圈，所以备妃园寝差也，及时修建，俾专责成。至于房间数目详于杂记门内。

修建营房：营房，所以备各项差也，于东风水墙外，在定陵八旗营房以南。赶紧兴修，责成有自。至于房间数目详于杂记门内。

开吉祥门：向例，各陵住户有病重者或已故者，均由吉祥门抬出，不准在风水墙内成殓，以示禁令，此吉祥门所由开也。

填运料门：每逢各陵兴修之始，择于风水墙就近相宜处暂开缺口以便动料。大工告竣，赶紧填塞，恐碍风水。

砖石磨细：全工次第报齐时，再将砖石加细磨细，俾壮观瞻。

敬刻碑文：遵将明楼、碑亭两处碑身，敬谨镌刻碑文，盖用满、蒙、汉三体字。东西下马牌亦然。

菩萨开光：地宫石门八扇，佛像錾齐，于全工未竣之前择吉开光。

册宝石座：遵照向章，于明堂券内安设二座。

神牌恭制：神牌以栗木为之，在东配殿恭制。其恭制层次详于杂记门内。

围幄衾枕：咨行织造衙门，照式恭办。

悬挂斗匾：明楼匾额曰"惠陵"，大殿匾额曰"隆恩殿"，宫门匾额曰"隆恩门"，谨此三座，敬谨悬挂。届期钦派大臣前往行礼，本监督随之。

清理地面：详查各段地面砖石灰瓦等项，随时运出，所为洒扫净洁。

栽种仪树：工作既毕，举凡后宝山、内外砂山、前段神路各处，均应次第栽种仪树，此系由马兰镇办理。

试掩石门：监督、监修各员于奉安之前，敬诣工次，饬令后段商人用木框、木门扎成石门形式，每日试掩，所为届时灵便无滞也。

吉土还位：俟奉安时，谨将尊藏东陵承办事务衙门之吉土请回，还补金井原穴。

石门永闭：奉安礼毕，自金券起，逐层掩闭石门，以期妥速而昭敬慎。

成砌影壁：门已闭齐，于哑巴院内北面成砌琉璃影壁，半月始毕乃事。

大葬礼成：至此，大葬礼成矣。

全工告竣：工次一切事宜，告阙成功焉。

工作补遗

搭大罩棚：开工后刨槽已毕，时近隆冬，接搭地宫大罩棚，以备次年筑打灰土之用。

成搭圈厂：各段承修商人成搭堆积物料圈厂。

成搭刽桥：工作稍有规模，必须成搭戗桥，以备上下往来之路。

成搭圈梓：专指门券桥而言。盖圈梓者，用杉槁扎架，所为支撑有力也。

刨挖客土：本工之土曰槽土，外运之土曰客土。刨挖挽动所以补槽土之不足也。

运豆渣石：豆渣石、石糙石也，此项石料向在东陵鲇鱼关各塘口开采，专为底垫埋深等处之用。

逸运物料：盖言各项物料指不胜数。

抬运料杠：料杠以十六人为之，分量极重，非此等愚笨人不能胜任。

运土口袋：运土人夫俗呼曰"散夫"，以口袋装土往来运动，亦万不可少之事。

鸣锣上工：清晨鸣锣各工毕集。

鸣锣收工：修晚鸣锣各工回散。

唱念夯歌：每逢打夯必高唱夯歌，抑扬顿挫，颇耐人听，因另有番声调也。

早晚卖歇：早晚鸣锣吃饭时即暂停歇，如有不歇之人，名曰"卖歇"，格外加钱以示鼓舞而多工作。

收工卖歇：每日傍晚收工倘仍有不歇者，又名"卖晚"，其加钱之处与卖歇一律办理。

下雨挂队："挂队停工"之谓也。

开写花名：各项人夫姓名谓之"花名"，逐日开写以防错乱

之弊。

　　各项工饭：工饭数目各有不同，俱详于杂记门内。

　　停工錾石：停工者伏暑隆冬时也工作不便，惟有督催各匠役錾做石活，以便开工应用。

　　隆冬保护：时值隆冬，所有已成工作恐其冻裂，用砖木加以保护，以免疏虞。

　　龙亭道路：龙亭向过之路于工完时，改为收小并添安石槛，禁止车马践踏，恐伤龙脉。

　　看完以上这些内容，也许有人会对惠陵工程的竣工时间产生以下疑问：

　　如果据《惠陵工程备要·兴修次序》的"惠陵暨妃园寝福地各座自光绪元年八月开工起至五年闰三月完工止"这句话记载，惠陵工程竣工时间应该是光绪五年（1879）闰三月。

　　而如果据《惠陵工程备要·办公次序》里的"谨查惠陵工程处自光绪元年正月起至五年十月止"这句话记载，惠陵工程竣工时间又该是光绪五年（1879）十月。

　　可笔者在此文开头却说惠陵的竣工时间是在光绪四年（1878）十月，这究竟是怎么回事呢？

　　其实，只要仔细看过《惠陵工程备要·兴修次序》和《惠陵工程备要·办公次序》全文就会发现，《惠陵工程备要·兴修次序》所说的"惠陵暨妃园寝福地各座自光绪元年八月开工起至五年闰三月完工止"这句话，是指惠陵及妃园寝等建筑正式开始营建，至同治帝后入葬后砌完哑巴院堵挡地宫入口的琉璃影壁墙这段时间。其间负责承包惠陵等工程的木厂商早已经完工并验收合格而撤离了。《惠陵工程备要·办公次序》所说的"谨查惠陵工程处自光绪元年正月起至五年十月止"这句话，是指刚开始操办惠陵工程之初，包括如何选择陵址，以及为建造惠陵工程而成立工程机构，至最后移交工程各种档案后解散工程机构这段时间。这期间，惠陵等工程虽然竣工了，但是关于工程所产生的各种档案、文件以及为之工作的各官员人役还没有移交相关部门和调回原工作部门。而笔者所说的惠陵竣工时间，仅仅是指惠陵等相关建筑完工，木厂商撤离工地，工程处将验收质量合格建筑的管理和保护等手续移交东陵承办事务衙门的这段时间。因此，如果说惠陵等建筑竣工时间就是笔者说的光绪四年（1878）十月二十五日；如果说惠陵等建筑兴工次序最后时间，则包括帝后入葬后堵上地宫入口的建砌琉璃影壁墙；如果说惠陵等竣工后以及负责修建机构的解散时间，则是光绪五年（1879）十月止。一般来说，对于一座皇陵的营建及结束，我们只需要知道破土时间、兴工时间和竣工时间就可以了，没必要知道负责建造机构的解散时间等细节。

光绪五年（1879）正月二十日，即惠陵建成的第二年，勘估大臣广寿、察杭阿在惠陵工程处监督耀年、德寿、椿枝、徐承煜等陪同下，对惠陵工程逐一核准进行验收，验收范围包括惠陵、惠陵妃园寝、礼部衙署，以及内务府、八旗和工部等营房。二月十九日，工程全部通过验收。二月二十日，监督文秀、耀年、长禄、延昌与守护大臣办理移交手续，令照例分拨驻守，并将工程处扣存的六分余平银中提取五千两银子拨给东陵承办事务衙门，作为十年保固期内随时维修之用。

据统计，惠陵、惠陵妃园寝以及各衙署、营房等所有工程，原估和续估工料银为五百八十四万九千九百四十五两二钱二分四厘，实际花费了五百八十万八千七百四十两二钱九分六厘六毫，其中包括承修大臣、监督官员及吏役等人员的各项开支以及奖赏，并且包括拨给看守惠陵的东陵承办事务衙门的五千两银子，而剩余的四万一千二百四两九钱二分七厘四毫银子，移交户部银库查收后入库。

第五章

尘封的一段历史

同治帝死后不足百天，他的皇后也死了，传说是自杀。而他们入葬惠陵地宫，则是一个复杂又漫长的过程。令人想不到的是，在同治帝后入葬不久，有个大臣力争为同治帝立嗣续统，在距惠陵不远的一座破庙里自杀身亡。

一、二十二岁皇后自杀

　　年仅十九岁的同治帝死了，死对他来说也许是解脱，从此就可以安安静静地享受孤独，不用再理会世上那个生育了他的女人。但对他的皇后阿鲁特氏来说，他的死是一个巨大的政治和精神打击。从此她彻底失去了最后的安全保证，也没有了唯一的精神寄托。面对慈禧的淫威，以及其给自己开出的政治身份，同治帝在世时就已受够了折磨的阿鲁特氏，当同治帝死后，再也无法面对眼前的一切。于是，在同治帝死后不足百天，皇后阿鲁特氏也死了。其死因，清朝官方说是病死，民间传说是自杀。

孝哲毅皇后朝服像

　　孝哲毅皇后，阿鲁特氏，正蓝旗蒙古人，修撰、翰林院侍讲、封三等承恩公、累官户部尚书崇绮之女，副都统、前任大学士、军机大臣赛尚阿之孙女，咸丰帝遗命辅政八大臣郑亲王端华之外孙女。咸丰四年七月初一日（1854年7月25日）生，比同治帝载淳大两岁。

　　同治十一年二月初三日（1872年3月11日），两宫皇太后发布懿旨册立其为皇后，并确定九月份举行大婚礼。

　　同治十一年（1872）二月十五日，两宫皇太后正式确定同治帝大婚礼的日期为当年的九月十五日，并确定好婚前仪式程序日期为：七月二十六日纳采，八月十七日大征。

　　同治十一年（1872）三月初五日，两宫皇太后确定册立皇后和册封慧妃日期均为九月十四日。

　　同治十一年（1872）六月初三日，由于与皇帝联姻成为亲家，两宫皇太后加封皇后的父母爵位。封皇后阿鲁特氏之父、翰林院侍讲崇绮为三等承恩公，母宗室氏、宗室氏、瓜尔佳氏均为公妻一品夫人。

　　同治十一年（1872）七月十五日，中元节这天，两宫皇太后再次加封皇后生父崇绮的官职为三等承恩公、委散秩大臣。

　　同治十一年（1872）七月二十三日，两宫皇太后发布同治帝大婚礼当天及其日后的礼仪程序时间表。对此，《穆宗毅皇帝实录》有这样的记载：

　　　　钦奉慈安、慈禧懿旨：皇帝大婚典礼，著于本年九月十四日寅时，皇帝升太和殿，遣使行册立礼。本日申时，皇帝诣慈宁宫行礼毕，升太和殿，遣使行奉迎礼。皇后凤舆即于皇帝升殿遣使

163

还宫后，由乾清宫启行。十五日子时，皇后升凤舆，进宫后，丑时行合卺礼。十七日巳时，皇后诣慈宁宫行朝见礼。十八日辰时，皇帝诣慈宁宫行庆贺礼毕，仍于辰时，皇帝升太和殿行庆贺礼。十九日卯时，皇帝升太和殿筵宴。其慈宁宫筵宴时刻，著由内传旨，届时举行。

同治十一年（1872）七月二十六日，两宫皇太后派礼部尚书灵桂为正使、总管内务府大臣春佑为副使，持节到皇后母家行纳采礼。纳采，即派使臣到皇后家送聘礼，即民间常说的订婚。

同治十一年（1872）八月十七日，两宫皇太后派礼部尚书灵桂为正使、总管内务府大臣桂清为副使，持节到皇后母家行大征礼。大征，即赏赐给皇后祖父母、父母衣服。

同治十一年（1872）九月十三日，同治帝大婚礼前两天，以皇帝大婚册封皇后祭告天、地、太庙后殿、奉先殿。以册封慧妃，前期遣官告祭太庙后殿、奉先殿。

同治十一年（1872）九月十四日，大婚前一天，同治帝派惇亲王奕誴为正使、贝勒奕劻为副使，持节奉册宝到皇后母家，册封阿鲁特氏为皇后。慈安、慈禧来到慈宁宫，升座，同治帝穿礼服到慈宁门行礼。行礼后，同治帝升御太和殿接受群臣朝贺，遣惇亲王奕誴为正使、贝子载容为副使，持节到皇后母家行奉迎礼，正式迎娶皇后入宫，并加封皇后生父委散秩大臣、三等承恩公崇绮以内阁学士候补。

同治十一年（1872）九月十五日子时，皇后乘坐凤舆入宫，正使持节和副使乘马先行，皇后父亲崇绮率领家里子弟等人在大门外跪拜、恭送皇后出门。导迎乐前导，陈而不作乐，紧跟着是仪仗，之后是供奉册宝的亭轿，皇后乘坐的凤舆跟随其后，出发至大门外，由銮仪校迎接，内监走到左右扶凤舆，内大臣侍卫跟随其后，乘骑护送皇后凤舆由大清门中门进宫。同治帝在坤宁宫等候，并举行合卺礼。合卺，即入洞房成婚。

皇后的凤舆即将进入大清门

对于同治帝大婚盛况，据《清朝野史大观·清宫遗闻》的一首清宫词记载：

> 昭阳仪仗午门开，夹路宫灯对马催。
> 队队宫监齐拍手，后边知是凤舆来。
> 注云：同治大婚，仪仗由午门排至后第，宫灯数百盏，对马数百匹。内监前引，后乘黄缎盘金绣凤肩舆，十六人舁之。舆将

至时，宫监拍手相应。

对于同治帝大婚程序，《清史稿·卷八十九》也有如下记载：

> 同治十一年，纳采、大征、发册、奉迎，悉准成式。惟届时后升辇，使臣乘马先，内监扶，左右内大臣等骑从。至午门外，九凤曲盖前导，行及乾清门，龙亭止，使臣等退，礼部官奉册、宝陈交泰殿左右案，退。辇入乾清宫，执事者俱退，侍卫合隔扇。福晋、命妇侍辇入宫，宫中开合卺宴，礼成。

大婚第二天，即同治十一年（1872）九月十六日，同治帝带着皇后先到寿皇殿给列祖列宗行礼，然后又入宫给两宫皇太后行礼。然后到乾清宫，皇后带着慧妃等人给同治帝行礼。

同治十一年（1872）九月十七日，皇后到两宫皇太后那里行朝见礼，盥馈醴飨如仪。

九月十八日，同治帝带领朝臣给皇太后行礼后，来到太和殿接受诸王大臣、蒙古王公及朝鲜使臣行礼，并颁发大婚礼诏书、恩赏天下，以及奖赏为大婚礼出力的王公、司员、差役等。

同治十一年（1872）十月初四日，由于阿鲁特氏进宫当上了皇后，她的母家也跟着沾光，于是两宫皇太后发布懿旨："皇后之母家，著抬入镶黄旗满洲。"即其家所在旗籍由正蓝旗蒙古抬入八旗上三旗之首的镶黄旗。八旗分上三旗和下五旗，其中正黄旗、镶黄旗和正白旗为上三旗，由皇帝统领，其政治地位高于下五旗。因此，能抬入上三旗，不仅本身荣耀，而且还有很高的政治待遇，只是抬旗这样的好事情，仅限于皇后母家一支。

同治十一年（1872）十一月初二日，《穆宗毅皇帝实录》有这样的记载：

> 谕内阁：正蓝旗蒙古都统灵桂等奏皇后母家抬旗请旨办理一折。著将委散秩大臣、三等承恩公崇绮本身一支抬入镶黄旗满洲。

后来，又将皇后父亲崇绮本身一支抬入镶黄旗满洲。

虽然皇后阿鲁特氏不如同治帝的其他妃嫔貌美，但她自幼受家庭的影响，心灵手巧，有一定文化修养，还写得一手好字，更绝的是能用左手写大字。婚后，同治帝与皇后相敬如宾，每当闲暇时，同治帝"尝举唐诗问阿鲁特氏，则背诵如流，心益喜，故伉俪綦笃，而燕居时，曾无亵容狎语"。

按理说，作为婆婆，见到儿子与儿媳妇感情融洽、恩爱，应该感到高兴才对，可是这对于慈禧来说并非如此。对此，《满清外史》上就有了这段记载：

> 那拉氏以其子之敬礼阿鲁特氏也，益忿怒。每值阿鲁特氏入见，从未尝假以辞色。浸而母子间亦乖违矣。后乃谓载淳曰："慧妃贤明，宜加眷遇。皇后年少，未娴礼节。皇帝毋辄至宫中，致妨政务。"且阴使内监时时监视之。载淳大不怿，于是终岁独宿乾清宫。

大意是说，慈禧见儿子对皇后阿鲁特氏礼待有加而恼恨皇后，因此皇后每次到慈禧那里，都看不到好脸色，经常被慈禧横加指责，多方发难。同治帝深知其母的刁难，故学得乖巧，不违背慈禧意愿。慈禧要求同治帝多到慧妃那里去，又说皇后年少，礼数不熟悉，别没事就到皇后宫中，以免妨碍政事；还派太监监视皇帝的行动。无奈之下，同治帝只得常年独自居住在乾清宫，既不到皇后那里去，也不到慧妃那里去。

《同治帝僧装像图》轴

为什么慈禧会如此不待见自己的儿媳妇呢？原来，皇后阿鲁特氏根本不是慈禧喜欢的人，慈禧喜欢的是慧妃。当初选皇后的时候，阿鲁特氏就没给慈禧留下好印象。阿鲁特氏能当上皇后，全是因为慈安的喜欢而推荐给同治帝的，是慈安和同治帝两人共同做出来的决定。而慈禧喜欢的凤秀之女富察氏，只被封为慧妃。婚后，皇后阿鲁特氏虽然不善言笑，但同治帝发现她才华横溢，所以两人的夫妻生活很是恩爱，相敬如宾。见不得别人好的慈禧，尤其是看到自己不喜欢的女人竟然能与自己儿子感情挚笃、如胶似漆，就将一肚子的怨恨都发泄给了皇后阿鲁特氏。于是，慈禧以劝慰同治帝勤于政事为由，阻碍他与皇后阿鲁特氏接触。

为什么会出现婆媳不和这样的事情呢？

对此，正史中并没有记载，但传闻还是有的。据说有三个主要原因：

1.政治出身。皇后阿鲁特氏的外祖父端华是咸丰帝临终指定的"赞襄政务八大臣"之一，在"辛酉政变"中被慈禧赐以自尽。虽然这件事情已过去多年，但让自己昔日政敌的外孙女进宫当皇后，慈禧的心里很不舒服。

2.迷信意识。中国古人非常讲究人与人属相之间的相克相生，慈禧是属羊的，皇后阿鲁特氏是属虎的。属虎的人入主中宫，对慈禧来说，有一种"羊落虎口"的感觉。

3.逆反心理。慈禧与慈安在皇后人选问题上的对立，使这位争强好胜的女人有一种挫败感。自己的儿子不站在自己立场上为她争脸，使她很生气，于是她便将这种怨恨撒在了皇后阿鲁特氏身上。

以上三种说法，是否真的如此，并不可知。但有一点却是事实，那就是皇后阿鲁特氏生性刚烈、固执，尽管知道慈禧不喜欢自己，可是她自命清高，认为自己出身高贵，对于慈禧的刁难指责，不是想办法改善关系，而是依仗自己是从大清门进皇宫这一特殊的荣耀和地位，我行我素，甚至言语顶撞，这些无疑在一定程度上更加激怒了慈禧。皇后阿鲁特氏陪同慈禧看戏，每当"演淫秽戏剧，则回首面壁不欲观，慈禧累谕之，不从，已恨之"。有人好心劝她要处处讨好慈禧，皇后阿鲁特氏却回击道："敬则可，昵则不可。我乃奉天地祖宗之命，由大清门迎入者，非轻易能动摇也。"原来，慈禧地位虽高，却是因儿子尊贵才当上皇太后的。其入宫时仅是贵人，不是从大清门进入的皇宫，只有通过大婚而册立的皇后才可以从大清门进入皇宫。没有经过大清门进入皇宫这件事，是慈禧心中永远无法抹去的隐痛。自然，当皇后阿鲁特氏的这些话传到慈禧那里，无疑揭开了慈禧心中的伤痕，这是最令慈禧震怒的。

据《道咸以来朝野杂记》记载：一次，慈禧萌生了要废掉皇后阿鲁特氏的想法。于是，她将担任宗人府宗令的咸丰帝的五弟惇亲王奕誴召来，商议此事。惇亲王奕誴说："欲废后，非由大清门入者不能废大清门入之人，奴才不敢奉命。"以此暗示慈禧，你不是由大清门入宫的，没有权力废掉由大清门入宫的皇后。这无疑是雪上加霜，使得慈禧对皇后阿鲁特氏更加痛恨。虽然这件事的真实性有待考证，但也说明当时普遍认为皇后阿鲁特氏与慈禧之间不和。其实，皇后阿鲁特氏与慈禧之间婆媳不和睦的真正原因，是皇后阿鲁特氏处在慈禧与同治帝不和睦的母子关系中，成了替罪羊而已。

1901年大清门旧影

　　在这对婆媳关系特别紧张的时候，又发生了一件非常时期的事。说是非常时期的事，指的是在同治帝病危时，皇后阿鲁特氏与同治帝的一段对话让慈禧听到了。原来，正在养心殿卧病的同治帝劝解前来看望他的皇后阿鲁特氏："多忍耐些时光，将来总有出头之日。"正在偷听的慈禧立即闯入皇帝寝室，大骂皇后："好个狐媚子，又来勾引皇帝。"皇后阿鲁特氏则辩解："我是乘凤辇从大清门迎娶进宫的，天下皆知，皇帝生病我前来看望，犯了什么罪？"慈禧认为这是皇后阿鲁

171

特氏有意在众人面前讽刺她出身低贱，让她下不了台，不禁勃然大怒，谕令棍杖伺候，表示要对皇后大打出手，吓得同治帝惊恐万分，掉下床来昏厥过去，导致病情加重。慈禧又借此指责皇后阿鲁特氏夫妻生活过度，才导致同治帝病情恶化。

别看慈禧对于同治帝病情并不关心，但对皇后阿鲁特氏已经怀孕的消息却非常在意：担心皇后阿鲁特氏一旦生有皇子并立为皇储，那样皇后阿鲁特氏会被尊为皇太后，自己则升为太皇太后。如果这样的话，那自己就将失去朝政大权，这岂不正好应了同治帝那句"有出头之日"了吗？因此，慈禧在是否给同治帝立嗣续统这件事情上格外重视。当同治帝死后，慈禧并未给其立嗣子，而是令醇亲王奕譞之子载湉"著承继文宗显皇帝为子，入承大统，为嗣皇帝"。醇亲王奕譞之子载湉是慈禧的亲外甥，这就等于慈禧将自己的亲外甥过继给咸丰帝，成为同治帝的弟弟，预示自己变身成了亲外甥的母亲。

同治十三年（1874）十二月十九日，慈禧以嗣皇帝名义下懿旨：

> 谕内阁：朕钦奉两宫皇太后懿旨：皇后作配大行皇帝，懋著坤仪，著封为"嘉顺皇后"。

慈禧之所以封皇后阿鲁特氏为嘉顺皇后，其意就是告诉她要顺从始可嘉，逆来也必须顺受。因此，同治帝的皇后成了新皇帝的皇嫂。处于皇嫂地位的阿鲁特氏，失去了中宫皇后的权力和地位，自己"以寡嫂居中宫不成体统"为耻辱，对生活彻底失望。既然不能屈辱地活着，那就只能死了，于是她问计于父亲。由于这件事涉及慈禧，她父亲深知其中的严重性，只得回了一封无字白纸信。当她收到无字书信后，明白了父亲的意思，便吞金而死。也有说是她父亲在手上写了一个"死"字，她吞金后虽经过抢救暂缓了生命，但后来又绝食而死。

对于皇后阿鲁特氏的死亡原因，《太监谈往录》有这样一段记载：

> 同治皇后以弟继兄位，感觉自己在宫中无位置，遣太监问计于父。其父崇绮进一加封食盒，开启之后乃是空盒，于是同治皇后绝食殉节，后人赞说真不愧是状元之女。

光绪元年（1875）二月二十日寅时，年仅二十二岁的皇后阿鲁特氏死在了储秀宫，距离同治帝驾崩不过七十四天。皇后阿鲁特氏死后不久，两宫皇太后带着小皇帝来到储秀宫，下令在寿康宫中将其遗体大殓。与此同时，慈禧对于她的死因作了解释，首先称赞了皇后阿鲁特氏生前位居中宫，性格温顺，做事谨慎，考虑周全，尽心侍奉同治帝及两宫皇太后。然后说皇后阿鲁特氏的死因是同治帝驾崩后悲伤过度，身患重病而亡。

虽然慈禧将皇后阿鲁特氏的死因说成过度思念同治帝，得重病而死，但朝野对于皇后之死议论纷纷，概括起来有四种说法：吞金而死、绝食而死、吞鸦片而死、服毒药而死。但无论是哪种死亡原因，均属于自杀。

也有野史称当时皇后阿鲁特氏已经怀孕，慈禧恐其生男孩，将来继承大统，对自己再度垂帘听政有威胁，故逼其死。

笔者认为，皇后阿鲁特氏死于吞金和绝食的可能性大。理由为：1945年，同治帝的惠陵地宫被当地土匪盗开后，棺椁内的同治帝只剩下了一把枯骨，而皇后阿鲁特氏的遗体虽然入棺七十年，依然保存完好。据到地宫中"探险"而目睹过皇后遗体的人讲，皇后阿鲁特氏的遗体当时被扔在地宫的东南角，仰身向上，赤身露体、一丝不挂，披散着长发，微闭着双眼，面容完好，没有丝毫的痛苦表情，可她的腹部却被剖开，肠子流了一地，胆大的人用手按一按娘娘的皮肉，还有弹性呢！这从另一个角度来讲，由于皇后阿鲁特氏是绝食而死，其身体内的水分和容易引发腐败的各种菌类大多数失去，这无形中相当于经过简单的人工防腐处理，那样遗体就相对容易保存了。

也许有人会问：金无毒，何以能自杀？

2012年，《"毒"与中古社会》作者霍斌先生认为：金分为生金和熟金。而金在古时之所以被认为是有毒之物，是因为这里所指的"金"是"金屑"即生金，是含有铅、汞等较多重金属的低纯度金，铅、汞本身有毒。而纯度很高的金含杂质极低，被称为熟金，熟金是无毒的。在医学上，吞金银之事被称为胃腑噎，大量吞咽之后导致肠道梗塞而死。因此，自杀的妇女经常吞尖锐金首饰，以此导致内脏受伤并引发并发症而死。但吞金本身这种行为只能对身体造成一种机械性的物理伤害而非化学性的中毒。

皇后阿鲁特氏死后，她的故事并未就此结束，还在以另外一种方式继续。

光绪元年（1875）二月二十日，皇太后传懿旨："著于寿康宫行殓奠礼，择期移至永思殿暂安。"为办理其丧事，皇太后任命礼亲王世铎、礼部尚书万青藜、总管内务府大臣魁龄、工部右侍郎桂清等为丧仪大臣。

光绪元年（1875）二月二十四日，皇太后谕内阁为皇后阿鲁特氏拟定谥号。

光绪元年（1875）二月二十六日，奉移大行皇后梓宫于景山的永思殿暂安。

光绪元年（1875）二月二十七日，光绪帝和王公、百官、军民等因皇后丧期而剃发，自大行嘉顺皇后崩逝之日起，补足二十七日丧服仍百日请发。

光绪元年（1875）五月十二日，为皇后阿鲁特氏举行了上谥礼，谥号为"孝哲嘉顺淑慎贤明宪天彰圣毅皇后"。自此，皇后阿鲁特氏被称为"孝哲毅皇后"。

光绪元年（1875）九月十八日，皇后阿鲁特氏梓宫与同治帝梓宫一起奉移东陵隆福寺暂安处。二十一日，与同治帝梓宫一起奉安于东陵隆福寺暂安处，并自此派王大臣轮班守护祭祀。

光绪二年（1876）五月，有一个叫潘敦俨的御史曾因为要求更改皇后阿鲁特氏的谥号而遭到罢官处分。对此，《清史稿·列传一·后妃》有这样一段记载：

> 二年五月，御史潘敦俨因岁旱上言，请更定谥号，谓："后崩在穆宗升遐百日内，道路传闻，或称伤悲致疾，或云绝粒殒生，奇节不彰，何以慰在天之灵？何以副兆民之望？"太后以其言无据，斥为谬妄，夺官。

光绪五年（1879）三月二十四日，孝哲毅皇后梓宫与同治帝梓宫从隆福寺暂安处用八十人大升舆一起奉移惠陵暂安隆恩殿。二十六日卯时与同治帝梓宫一起葬入惠陵地宫。

皇后阿鲁特氏以提前结束自己生命为代价，换来了与同治帝在另一个世界里长相厮守的安静生活。

光绪三十四年（1908）十月二十六日，宣统帝为皇后阿鲁特氏谥号加上"恭端"二字，至此，她的谥号全称为"孝哲嘉顺淑慎贤明恭端宪天彰圣毅皇后"，简称"孝哲毅皇后"。

二、帝后入葬地宫的前后

同治帝死的当天即同治十三年（1874）十二月初五日，两宫皇太后在养心殿西暖阁，召惇亲王奕誴，恭亲王奕䜣，醇亲王奕𫍯，孚郡王奕譓，惠郡王奕详，贝勒载治、载澂，公奕谟，御前大臣伯彦讷谟祜、奕劻、景寿，军机大臣宝鋆、沈桂芬、李鸿藻，总管内务府大臣英桂、崇纶、魁龄、荣禄、明善、贵宝、文锡，弘德殿行走徐桐、翁同龢、王庆祺，南书房行走黄钰、潘祖荫、孙诒经、徐郙、张家骧等入宫，颁发懿旨：

> 醇亲王奕𫍯之子载湉著承继文宗显皇帝为子，入承大统，为嗣皇帝。

随即，醇亲王奕𫍯年仅四岁的儿子载湉被抱入皇宫，为嗣皇帝，当上了清朝入关后的第九位皇帝即光绪帝，大清纪元也由此进入了光绪朝。

光绪帝的父亲醇亲王奕譞、母亲叶赫那拉氏

当天，两宫皇太后任命了十位丧礼王大臣恭办同治帝丧事。这些人是：惇亲王奕誴、恭亲王奕䜣、醇亲王奕譞、科尔沁博多勒噶台亲王伯彦讷谟祜、贝勒奕劻、固伦额驸公景寿、大学士宝鋆、吏部尚书总管内务府大臣英桂、礼部尚书灵桂、工部尚书李鸿藻。

同治十三年（1874）十二月初六日，即同治帝死后的第二天寅刻，盛放同治帝遗体的吉祥轿从月华门抬出，内务府人员随行。吉祥轿通

过乾清宫西南台阶，进入西间宫殿，停放朝向为坐西朝东。辰正，嗣皇帝亲自验视同治帝遗体小殓，将同治帝遗体盖上经被，群臣悲恸欲绝、放声大哭。当众人退出后，梓宫抬进，工部设间隔朝帘。未时，同治帝遗体大殓，宫中主位都在场。盖上梓宫内棺棺盖后，王大臣等才进来，嗣皇帝亲视并奠酒，盛放同治帝遗体的梓宫停放在乾清宫正中，安放座罩，在旁设八字墙，喇嘛念经，停灵祭奠。并于当天午后，宣读遗诏以及持服二十七月谕旨、御名避讳谕旨等。《翁同龢日记》中记载的这个过程，第一次向世人揭开了清帝死后遗体是如何小殓、大殓的内情。

同治十三年（1874）十二月初八日，内阁明发两道谕旨，确定王大臣等穿孝日期以及对驻京蒙古王公和不值班蒙古王公等规定。

同治十三年（1874）十二月十三日，向全国颁布同治帝遗诏。

同治十三年（1874）十二月十六日，大学士李鸿章上奏两宫皇太后，大加称赞同治帝在品德、容貌、勤政、爱民、孝顺、文治、武功等方面的诸多表现，并恭拟尊谥庙号六字、谥号二十字、庙第谥号六字，以备两宫皇太后从中选择。

其中：谥号为"继天开运受中居正保大定功圣智诚孝信敏恭宽"。

所拟的庙号六个字是：

熙：敬德光辉曰"熙"。

德：生安允迪曰"德"。

哲：明周万汇曰"哲"。

穆：德容静深曰"穆"。

襄：功宏参赞曰"襄"。

顺：乐天循理曰"顺"。

所拟的庙第谥号六个字是：

毅：英明有执曰"毅"。

质：真纯一德曰"质"。

敬：齐庄中正曰"敬"。

惠：德威可怀曰"惠"。

武：保大定功曰"武"。

肃：法度修明曰"肃"。

同治十三年（1874）十二月十六日，两宫皇太后经过仔细斟酌，将所拟二十字的谥号全部用朱笔圈定，表示同意使用，并确定同治帝庙号为"穆"字、庙第谥号为"毅"字。

十二月十八日，内阁奉上谕：大行皇帝尊谥曰"毅皇帝"，庙号曰"穆宗"。

同治帝谥宝及谥宝文

同治十三年（1874）十二月二十一日辰初二刻，同治帝梓宫奉移到观德殿，由景运门外升大升舆，由东华门抬出，经过北池子、三座门，进入景山东门，奉安于景山观德殿。

光绪元年（1875）三月初二日，在观德殿举行上谥礼，正式上同治帝庙号、谥号为"穆宗继天开运受中居正保大定功圣智诚孝信敏恭宽毅皇帝"。

宣统元年（1909）四月，溥仪再为同治帝加上谥号"明肃"两字。至此，同治帝的庙号、谥号全称为"穆宗继天开运受中居正保大定功圣智诚孝信敏恭宽明肃毅皇帝"，简称"穆宗毅皇帝"。

由于同治帝后陵寝尚未建成，距离帝后梓宫奉安惠陵的日子还很长，因此，礼部于光绪元年（1875）六月二十二日奏请：同治帝、后神牌先在奉先殿制作，先行升祔奉先殿。

光绪元年（1875）六月，开始为九月十八日同治帝、后梓宫奉移东陵隆福寺做准备，如钦天监确定奉移吉日、奉移礼仪，以及安排暂安后的保卫等事宜。

光绪元年（1875）六月二十四日，两宫皇太后以光绪帝名义，拒绝了王大臣关于皇帝和皇太后不必亲自恭送同治帝、后梓宫奉移隆福寺暂安处的奏请。

光绪元年（1875）七月初三日，两宫皇太后再次拒绝王大臣的请求，依旧坚持亲自送同治帝、后梓宫到东陵隆福寺暂安处，并于初四日确定了九月来回东陵的路线和时间表。

光绪元年（1875）八月，为了下个月的同治帝、后梓宫奉移之事，朝廷开始拨款筹备所需各种事宜，包括修路、减少扰民、路途所需物品等。

光绪元年（1875）九月初一日，为制作同治帝、后神牌升祔奉先殿使用的神龛、宝座、宝椅，户部催要装饰用的"飞金"。飞金，就是金箔、金叶子，神龛、宝座、宝椅、神牌等都要贴金。所用金箔有红、黄两种。

光绪元年（1875）九月初，在奉移同治帝、后梓宫前，为了体现皇恩浩荡及降低给当地百姓造成的农业损失，发布谕旨，规定减免所经路线上百姓本年所应缴纳的赋税，并给予一定量的经济补偿，并严令保持一路上的道路安全，还安排了留京大臣、值班王大臣及其职责。

在同治帝、后梓宫奉移东陵隆福寺来回的十天里，光绪帝和两宫皇太后对百姓、夫役以及官员每天都有恩赏。奉移礼后，还在东陵时又对扈从王大臣等官员加官晋爵，处处显示出皇恩浩荡，恩赏有加。

从北京到东陵隆福寺这一路上，为临时停放同治帝、后梓宫，搭建了三座芦殿，而芦殿彼此之间的距离并不相同。

光绪元年（1875）十一月二十七日，同治帝、后神牌入奉先殿供奉。

光绪元年（1875）十二月初三日，同治帝、后画像安放到寿皇殿。

光绪元年（1875）十二月二十六日，皇太后批准马兰镇总兵申请为保护隆福寺同治帝、后梓宫所需要的每年酌拨火药一千五百斤、大小铅丸一千八百粒，并另筹拨银一千两，以备修补军器之用的请求。等到同治帝、后梓宫奉安大礼完成后，就将这一款项停领。

光绪三年（1877）正月初三日，皇太后派人到太庙查看同治帝、后梓宫奉安山陵后，神牌升祔供奉位次事宜。

太庙中殿陈设内景旧影

　　光绪三年（1877）二月二十五日，皇太后批准户部催请同治帝、后梓宫及惠陵工程所需飞金事项。此处值得注意的是，当时停灵在东陵隆福寺暂安处的同治帝、后梓宫，还没有正式漆饰完工。

　　光绪三年（1877）三月初二日，皇太后命令在同治帝、后梓宫奉安陵寝前，大小官员不允许举办堂会宴席等娱乐活动。

　　光绪三年（1877）三月十四日，派人相度太庙的王大臣奏报皇太后，太庙神牌奉安数量，按照典制已经满额，没有恭奉同治帝、后神牌的位置。为解决这个问题，皇太后只得下令由朝臣开会从长计议。

　　光绪三年（1877）六月十四日，就奉安同治帝、后神牌于太庙位次之事，皇太后令朝臣再三详议，一定要妥善办理好这件事情。

光绪三年（1877）九月二十七日，再次催办同治帝、后太庙神龛和神牌及惠陵隆恩殿神牌所需要飞金数量，以及惠陵陈设祭品等所需银两。

光绪四年（1878）三月二十八日子时，经过两宫皇太后批准，同治帝画像与清朝其他皇帝画像一起悬挂在了承德避暑山庄的绥成殿。

光绪四年（1878）四月初八日，工部催要奉安典礼及太庙神龛等各项事宜所需要的缎疋纺丝。

光绪四年（1878）九月二十八日，钦天监选择明年同治帝、后梓宫奉安大典吉时，并初步确定奉安大典时间为明年的三月二十六日。

光绪四年（1878）十月十八日，为筹办同治帝、后梓宫奉安陵寝，工部催要山东赶紧解送银两。

光绪四年（1878）十一月，命各部院衙门等筹划明年三月二十六日的同治帝、后梓宫奉安大典事宜，以及安排确定光绪帝和两宫皇太后参加奉安礼所需路线、礼仪等事务的时间表。

光绪四年（1878）十一月二十一日，工部奏请催要同治帝、后梓宫奉安典礼需要使用的棕毯的棕毛及同治帝、后神牌供奉太庙所用神龛、案、椅等项需用飞金。

光绪四年（1878）十一月二十一日，任命惠陵内务府郎中、内管领等官员。

光绪四年（1878）十一月二十八日，再次严令：严禁借口同治帝、后梓宫奉安及神牌回京，以修御道为名勒索百姓钱财。

光绪四年（1878）十二月，为了筹备同治帝、后梓宫奉安大典，开始催促筹集奉安礼所需要的款项。

光绪五年（1879）正月二十八日，两宫皇太后令大臣勘察恭办奉

安典礼所需要经过的道路情况。

光绪五年（1879）二月，开始催促抓紧筹办奉安同治帝、后梓官所需缎布以及筹备皇帝和两宫皇太后展谒东陵时，所有应修道路及应行预备各事宜所需要的各种款项。

光绪五年（1879）三月十五日，即离开北京前往东陵参加同治帝、后梓官奉安大典前，两宫皇太后再次以光绪帝名义发布两道谕旨，谕旨主要内容：一是必须保证道路畅通以及道路上的安全，二是减免沿途五州县百姓全年应缴纳的赋税，三是补偿因修路而平毁麦田给百姓造成的损失。

为了保证光绪帝和两宫皇太后的安全，在北京至东陵这一路上的行宫住处，专门制定了严格的保卫制度：

（1）行宫、行营重地宿卫，宜严如乾清门。

（2）驻跸行宫，各门凡侍卫所管之门如乾清门。

（3）跸途扈从豹尾枪以前尤宜整肃。

（4）行宫黄布城门外，宜严禁闲人以昭严肃。

（5）行营茶膳房在网城之内、黄布城之旁。

（6）皇上巡幸各处，随从人员自宜随营支搭帐房居住，方不有误差使，而易于约束。

（7）皇上巡幸各处，大纛以前不许闲人行走。

（8）皇上巡幸各处，管道大臣原系分为八段管辖；行宫白布城仍宜搭设二层以昭慎重。

（9）皇上恭谒陵寝及巡幸各处，沿途宫墙外周围，晚间俱有绿营兵弁排灯穿护。

（10）皇上谒陵，俱于先期派令虎枪官兵前后压山。

据《宫中杂件·丧葬礼仪》记载，当时参加同治帝永安大典的随扈王公文武大臣暨恭备各项差使王大臣名单如下：

宗人府：恭亲王奕䜣、礼亲王世铎、载治、惠郡王奕详、载澂、载滢、奕谟。

内阁：李鸿章、宝鋆、载龄、沈桂芬、徐致祥、铨林_{请宝}。

御前大臣：伯彦讷谟祜、景寿。

军机大臣：恭亲王奕䜣、宝鋆、沈桂芬、景廉、王文韶。

领侍卫内大臣：礼亲王世铎、肃亲王隆懃、伯彦讷谟祜、景寿。

内务府大臣：安兴阿、成林。

南书房：潘祖荫、徐郙。

吏部：总理宝鋆、景廉_署、万青藜、徐致祥_署、成林。

户部：景廉、成林_署、王文韶。

礼部：察杭阿_署、徐桐。

兵部：文煜_署、沈桂芬、昆冈、王文韶_署、朱智。

刑部：文煜_署、翁同龢、夏家镐_署。

工部：载龄、文澂、潘祖荫、朱智_署。

理藩院：徐桐_署、崇勋。

通政使司：钟濂_署、周瑞青。

太常寺：察杭阿。

光禄寺：载龄。

太仆寺：夏家镐、徐用仪。

翰林院：宝鋆、沈桂芬、庆麟。

起居注：贵恒、福锟、英煦、黄体芳、张佩纶、刘煃。

詹事府：徐郙。

鸿胪寺：察杭阿、寿昌。

国子监：沈桂芬、张家骧。

钦天监：恩明、周鸿宾。

銮仪卫：景寿、奕佩、岳林、玉衡署。

步军统领衙门：成林。

茶膳房：成林。

太医院：李德立。

上驷院：安兴阿、尚宗瑞、广顺。

武备院：伯彦讷谟祜、克兴阿、文璧。

奉宸院：景寿、西拉布。

都统：

镶黄旗汉军：肃亲王隆勤。

正黄旗满洲：景寿。

汉军：安兴阿。

正白旗满洲：恭亲王奕䜣。

蒙古：载治。

汉军：景廉。

正红旗满洲：载龄。

蒙古：托云。

镶白旗满洲：伯彦讷谟祜。

汉军：文煜。

镶红旗满洲：礼亲王世铎。

汉军：惠郡王奕详。

正蓝旗满洲：礼亲王世铎署。

蒙古：载治署。

镶蓝旗满洲：宝鋆。

蒙古：察杭阿。

汉军：肃亲王隆懃。

副都统：

镶黄旗满洲：克兴阿、奕谟。

汉军：文澂。

正黄旗满洲：明瑶。

蒙古：明安、奕佩。

汉军：常兴阿。

正白旗蒙古：恩全。

汉军：昆冈、德福。

正红旗满洲：西拉布、成林。

蒙古：照祥、托伦布。

汉军：璟德。

镶白旗满洲：穆隆阿。

汉军：符珍。

镶红旗满洲：安德。

蒙古：荣全。

汉军：岳林。

正蓝旗满洲：尚崇瑞。

汉军：扎拉丰阿、多布多尔扎布。

镶蓝旗蒙古：载鹤。

前锋都统：克兴阿。

护军统领：

镶黄旗：尚崇瑞。

正黄旗：西拉布。

镶白旗：荣全。

正白旗：明瑶。

镶红旗：岳林。

正红旗：奕佩署。

镶蓝旗：恩全。

正蓝旗：照祥。

散秩大臣：符珍、阿那洪阿、穆隆阿、全佑、果齐逊、恩庆、载津、载瀛、照祥。

总理行营王大臣：礼亲王世铎、肃亲王隆懃、恭亲王奕䜣、伯彦讷谟祜、景寿。

御鸟枪处：克兴阿、托云。

虎枪处：托云、安兴阿。

善扑营：景寿、载治。

跟随皇太后带豹尾枪：安兴阿。

沿途散秩大臣：载津、载瀛。

跟随内廷主位带豹尾枪散秩大臣：穆隆阿、恩庆。

查看桥梁、道路：文澂。

管道大臣：符珍、全佑、崇勋、宝森、钟濂、庆麟、寿昌、阿那洪阿。

管营大臣：尚宗瑞、西拉布、岳林。

查营大臣：托云、克兴阿、恩全、明安。

查尖营大臣：照祥、德福。

管赏银牌大臣：载漪、扎拉丰阿、安兴阿、那尔苏、奕佩、明安。

管买卖街大臣：果齐逊、常星阿、璟德、安德。

管锡伯甲大臣：明安、托伦布。

监放驼马大臣：安兴阿、奎润、文澂、阿昌阿。

随入陵寝门：恭亲王奕䜣、宝鋆、沈桂芬、景廉、王文韶、载澂、惠郡王奕详、载滢、奕谟、伯彦讷谟祜、景寿、礼亲王世铎、肃亲王隆勤、载治、载漪、那尔苏、载濂、安兴阿、托云、西拉布。

恭谒各陵递酒杯：礼亲王世铎、肃亲王隆勤、伯彦讷谟祜。

前引大臣：察杭阿、奎润、松森、铁祺、兴廉、铨林、成林、昆冈、启秀、文澂、锡珍、崇勋、宝森、阿昌阿。

梓宫永远奉安执事王大臣几筵前递酒杯：礼亲王世铎、肃亲王隆勤、伯彦讷谟祜。

门桥奠酒：文煜、那洪阿。

告祭各陵：肃亲王隆懃、怡亲王载敦、庄亲王载勋、惠郡王奕详、顺承郡王庆恩、载滢。

告祭后土、山神：察杭阿、锡珍。

恭捧册宝安奉芦殿：奎润、松森、安兴阿、成林。

恭捧册宝入地宫：肃亲王隆懃、顺承郡王庆恩、载治、载瀓。

恭捧金井吉土：庄亲王载勋。

附近随行：惠郡王奕详、载瀓、载滢、载谟。

由于进入地宫亲自参与护送、恭视同治帝、后梓宫奉安地宫这一过程是无上荣耀的事情，因此只有皇室中最为亲近的王公才有此资格。按照这个条件，和硕惇亲王奕誴拟定出进入地宫四十二人名单供两宫皇太后选择，最后两宫皇太后用朱笔圈出了进入惠陵地宫敬视奉安的王大臣十二人名单：恭亲王奕䜣、伯彦讷谟祜、景寿、宝鋆、礼亲王世铎、景廉、文瀓、载治、载瀓、载滢、奕谟、载濂。

同治帝、后梓宫奉安地宫，地宫内照明使用手把灯四十个，另备用灯八个。

同治帝、后梓宫奉安陵寝的活动在光绪帝和两宫皇太后离开北京的那一天就算是正式开始了，因此在光绪五年（1879）三月二十一日至闰三月初二日这十一天内，事先就要对沿途里程、衣着穿戴、食宿住行、祭祀礼仪、祭品制备、奉安过程以及神牌回京升祔太庙等事宜做精心筹措和妥善安排。

其实，同治帝、后梓宫由东陵隆福寺暂安处到奉安惠陵地宫过程中，最重要的日子只有三天，即光绪五年（1879）三月二十四日，同治帝、后梓宫奉移到惠陵隆恩殿；三月二十五日，同治帝、后梓宫奉移到宝城前的芦殿内暂安；三月二十六日，同治帝、后梓宫用龙𫐐送入惠陵地宫。

在帝、后梓宫奉安地宫的过程中，为了保护梓宫不受到意外磨损，抬运时梓宫外要束以两层红片金缎。梓宫运入地宫时，还要将梓宫安放在专用运输工具——龙𫐐上，龙𫐐为四轮，是运送梓宫进地宫的特制专用车。

龙𫐐，《礼·檀弓》记载："菆涂龙𫐐。注：𫐐车载枢，而画龙为𫐐，故曰'龙𫐐'。又泥行所乘也。"又《书·益稷子乘四载注》记载："泥乘𫐐，以板为之，其状如箕，擿行泥上。"龙�的车轮为直径一寸五分铁芯，因为是御用，所以龙�上还装饰着一些镀金饰件。

在地宫九券四门之间铺设两条平行水平轨道，然后龙�车轮运行在轨道上将梓宫运送到地宫里，最后奉安到地宫金券的宝床之上。同治帝梓宫居中，孝哲毅皇后梓宫安奉在皇帝梓宫左侧。同治帝梓宫下面是金井。如果地宫宝床上奉安一帝及多位后妃的梓宫时，则前后位置又有差异，充分显示出主、次、从的等级关系。乾隆元年（1736）九月初四日的《高宗纯皇帝实录》上记载：

皇考（雍正帝）梓宫奉安地宫时，著照例安设龙山石（卡棺石）。其随入地宫之皇妣孝敬宪皇后梓宫应居左、稍后，敦肃皇贵妃金棺应居右，比孝敬宪皇后梓宫稍后。

光绪五年（1879）三月二十六日，同治帝和孝哲毅皇后葬入地宫

后，在隆恩殿举行点主礼。升祔太庙和供奉陵寝的神牌提前于惠陵东配殿制造，制好后供奉在东配殿内，每人两件。同治帝、后梓宫永远奉安山陵后的当天，将供在东配殿的同治帝和孝哲毅皇后的神牌各一件恭请到隆恩殿，举行恭题神主礼，同治帝神牌点主大臣是文华殿大学士李鸿章，负责点神牌上汉字"神"字的最后一笔，武英殿大学士宝鋆负责点神牌上满文最后一笔；孝哲毅皇后神牌点主大臣是协办大学士兵部尚书沈桂芳，负责汉文"神"字最后一笔，体仁阁大学士工部尚书载龄负责满文最后一笔。点主毕，将神牌供奉到隆恩殿内的宝座上，举行虞祭礼，恭亲王奕䜣恭代行礼。当天将点过主的同治帝和孝哲毅皇后的神牌分别放在黄舆内，恭送回京。存放在东配殿的未点过主的同治帝和孝哲毅皇后的神牌即日供到隆恩殿内。

光绪五年（1879）闰三月初二日，恭迎回京师的同治帝、后神牌升祔太庙，礼成，颁诏天下。

光绪五年（1879）闰三月十四日，孝穆成皇后、孝慎成皇后、孝全成皇后、孝静成皇后、文宗显皇帝、孝德显皇后、穆宗毅皇帝、孝哲毅皇后册宝奉入太庙前殿。光绪帝行礼后，以上帝、后册宝再奉入中殿，分藏于金匮中。

至此，同治帝、后在阳间的所有事宜暂告结束，所剩余的事情也就是按时按例享受阳间的祭祀了。

三、送葬大臣自杀

俗话说，"一波未平，一波又起"。

192

原来，同治帝、后梓宫奉安典礼办得风风光光，典礼及各项事宜都很顺利，场面隆重壮观、很是体面。而当这一切将被载入清史成为典范时，一件令人意想不到的事情发生了：一位送葬大臣——吏部主事吴可读自杀，死在了京师至东陵的路上，并且其死因竟然与同治帝有关。

吴可读（1812—1879），字柳堂，号冶樵，汉族，甘肃兰州人。性颖悟，善诗文。道光十五年（1835）考中举人，由举人任职伏羌（今甘肃甘谷）训导，主讲朱圉书院近十五年。道光二十九年（1849）中己本科进士，授刑部主事，晋员外郎。同治十一年（1872）补河南道监察御史。同治十二年（1873），因弹劾满洲提督成禄触怒同治帝被定成死罪，后改降三级。光绪二年（1876）授为吏部主事。留世著作有《携雪堂诗文集》，其中《携雪堂对联》部分收联八十七副。

光绪五年（1879）三月二十一日，吴可读请求以一名司员的身份随皇帝、皇太后以及王大臣参加同治帝、后梓宫奉安大典。由于是主动请求参加，堂官大学士宝鋆以为他家境不好，只是想赚点辛苦费而已，于是就同意他随行。当来到蓟州（今天津市蓟州区）时，吴可读偷偷留宿于马伸桥的三义庙中，并未前往同治帝的惠陵。

然而几天以来，每当想起即将长眠于地宫中的同治帝，吴可读就气愤难当，可又无可奈何，后来终于做出决定：自己也要做一次千古流芳之人。一天夜里，吴可读再次抑郁难眠，于是在幽暗的烛光中写下了他人生中的最后一份奏折及一封遗书。他将写好的奏折封于匣内，又将遗书和身上仅存的四十余两银子放在了枕下。由于担心自己的行为会祸及家人，因此在遗书中令其子"速速出京"。之后，他在三义庙

墙壁上挥笔写下了这样一首绝命诗：

> 回头六十八年中，往事空谈爱与忠。
> 抔土已成皇帝鼎，前星预祝紫微宫。
> 相逢老辈寥寥甚，到处先生好好同。
> 欲识孤臣恋恩处，惠陵风雨蓟门东。

据说吴可读还在上吊用的白绫上题书一联："九重懿德双慈圣，千古忠魂一惠陵"，之后便于庙中结环自缢。由于三义庙破败不堪，悬挂白绫的梁木糟朽，不堪重负而折断。这也许是天佑忠良，但吴可读死意已决，于是改以服毒方式自尽，这一天是光绪五年（1879）闰三月初五日。

吏部主事吴可读以尸谏这种极端方式的上奏，到底想呈诉什么事情呢？是临时起意还是深思熟虑呢？

对于吴可读自杀这件事情的始末，光绪五年（1879）闰三月十七日的《光绪朝东华录》上有详细记载，大意是说，吏部向皇帝、皇太后奏报，顺天府收到蓟州知府上报查实，并经吏部核实：光绪五年（1879）闰三月初五日，吏部主事吴可读死于蓟州的一座破庙中，属于服毒自杀，留有密封的奏折和遗书。遗书的内容是请代为将其奏折上奏皇帝、皇太后，奏折内容不知道，现将未拆封奏折原件上呈。奏折内容大致是说，我（吴可读）是以死恳求皇太后"预定大统之归，以毕今生忠爱事"，即同治帝不能由此断了后代，请为同治帝立嗣续统。并自称"罪臣"，说自己是一个早就因获罪而该死的人，承蒙同治帝皇恩，自己又多活了几年。然而同治帝突然死了，皇太后却令醇亲王奕譞之子载湉以咸丰帝嗣子身份继承皇位，即光绪帝，等光绪帝生有儿子再过继给同治帝为嗣子。自己反复思考，认为皇太后这种做法有悖人伦，很不靠谱，其原因是，即使光绪帝生有儿子并过继给同治帝，但继承皇位嗣子的身份仍旧是光绪帝嗣子，而不是以同治帝嗣子身份即位的。如果这样，等于同治帝的皇位还是没有人继承，并因此大清国皇位传子继承家法被打乱而出现新的分支皇室血脉。因为光绪帝继承的是咸丰帝的皇位而不是同治帝的皇位，所以"惟有仰乞我两宫皇太后，再行明白降一谕旨，将来大统，仍归承继大行皇帝嗣子"，即自己恳求皇太后再发一道懿旨，将来光绪帝死后，嗣皇帝继承的皇位，不是光绪帝的而是同治帝的，并将这件事用谕旨的形式宣告天下。吴可读称这些想法、说法都是发自内心的，因为精神压力，其已经神志不清了，虽然想效仿古人，自己却无古人的"学问"，如有言语冒犯、不周之处，还请宽容。并解释说，自己早就有以上这些想法，如今等到同治帝梓宫奉安陵寝，不能再继续等待了，以免淡忘，自己愿意死在这里，永远陪伴同治帝山陵。而自己之所以请代为上奏，是因为自己的官阶低微，没有直接上奏资格。还有就是自己老实承认，本来自己没有参加同治帝、后梓宫奉安山陵的资格，是自己请求堂官大学士宝鋆才获得的，自己所说所做的这一切，宝鋆都不知道，所以自己的一切事情与宝鋆无关，请两宫皇太后不要怪罪于他。

从以上自述中可以知道，吴可读之所以死，是因为同治帝死后即位的光绪帝载湉是同治帝的同辈，是过继给咸丰帝做嗣子的，所以同治帝身后无嗣，他要为同治帝争嗣，以维护和延续同治帝的大统地位。

并且争嗣、尸谏的想法、做法并非临时起意，而是在深思熟虑后做出的。

皇太后看过吴可读奏折后发懿旨，称自己之前发的懿旨意思，与吴可读奏折所请求的意思是一样的，是吴可读自己没有理解好懿旨意思而已。随后，两宫皇太后令王大臣、大学士、六部、九卿、翰、詹、科、道，将吴可读原折会同妥议具奏。

那么，皇太后是怎样解释同治十三年（1874）十二月初五日发出的那道懿旨的意思呢？据《德宗景皇帝实录》记载，同治帝死后不久，两宫皇太后立刻召集诸王大臣，令"醇亲王奕𫍯之子载湉著承继文宗显皇帝为子，入承大统，为嗣皇帝"。当时，两宫皇太后还专门为此发了一道懿旨作了一番解释：

> 皇帝龙驭上宾未有储贰，不得已以醇亲王奕𫍯之子承继文宗显皇帝为子，入承大统，为嗣皇帝。俟嗣皇帝生有皇子，即承继大行皇帝为嗣。

按照两宫皇太后的这道谕旨解释，之所以不给同治帝立嗣子，其原因是"皇帝龙驭上宾未有储贰"，即同治帝生前没有立太子，所以只能将醇亲王奕𫍯之子载湉承继给咸丰帝为子，入承咸丰帝的大统即皇帝位。等到光绪帝生有皇子再过继给同治帝为嗣子。只是这种解释苍白无力而无法让朝臣信服，因为在朝臣看来，这种解释无非掩耳盗铃、遮人耳目而已，以无理的理由遮掩天下口舌。既然两宫皇太后说以后要为同治帝立嗣，为何不直接在同治帝侄子辈中选择一人为其嗣子呢？还需要以后在光绪帝子嗣中选择一人为同治帝立嗣？有必要这么反复折腾吗？说到底，其根本目的就是让慈禧自己继续垂帘听政、把控朝政！面对这样近乎无赖无耻的理由，朝臣也只能是心知肚明但却不敢提出任何异议，因为对此提出不同意见者，其下场都是不言而喻的。

尽管如此，这并没有吓倒那些严守礼法伦理、想为同治帝立嗣续统的"秉直之臣"。早在光绪元年（1875）正月十七日，就曾有一个叫广安的内阁侍读学士因上奏此事而遭到斥责。

中国历来就有"武死战，文死谏"之说，所谓"文死谏"就是拼得一死也要仗义执言，不怕惹恼当权者。因此，以死的形式上书直言即大臣尸谏，不论其意见如何，其行为本身即可表白忠直之心，都会受到世人敬仰。但这是一种令君臣之间十分难堪却还不能发作的行为。于是，本来没有资格参与商议国家大事的吏部主事吴可读这个时候就站了出来。不过，他需要深思熟虑、等待时机而再次上书谏言，因为前有侍读学士广安受到处分的例子，并且自己也领教过教训。那是在同治十二年（1873）五月，左宗棠奏报，乌鲁木齐提督成禄摊派苛捐杂税三十万两激起民愤，派兵剿捕反抗民众，处死两百多人，事后还向朝廷虚报实情以获得奖赏。御史吴可读将此事上奏朝廷，痛陈成禄所犯之罪罪情重大，是必斩之罪，请从重从快惩办成禄。然而朝廷有意庇护成禄，最后仅仅将成禄革职、问斩监候。吴可读气愤至极，"奏请皇上先斩成禄之头悬之藁街以谢甘肃百姓，然后再斩臣之头悬之成氏之门以谢成禄"。因言辞过于激烈，被降三级。后来，虽然吴可读被再次起用，并任职吏部主事，但他此时的官职和品级已经没有资格直接上奏皇太后了。因此，要想再次"谏言"，只能等到遇有国家重大事

情，采取非常规方式，才能引起朝廷的关注，不至于无功而废。而要达到事半功倍的效果，那就是以"尸谏"的方式表示忠心引起皇太后的关注。

事实上，面对残酷的现状，吴可读的想法太天真幼稚了。他的这种极端的举动并不能改变已有的现实，因为他的对手是慈禧。对于吴可读"尸谏"这个突发事件，善于玩弄权术的慈禧沉着冷静，除了再次强调等光绪帝生子再过继给同治帝为嗣子外，只是再令群臣解读吴可读奏折并讨论此事，以此看看朝臣对这件事的反应。

面对毫无退步架势的皇太后，朝臣经过一番朝堂议论后，将各自的观点上奏皇太后。于是皇太后再次发懿旨，称所议论结果与之前意思差不多，之所以未明确确定再有新皇帝即位算承继谁的皇位，这是本朝家法高明之处。因此，对吴可读"尸谏"所称的提前"豫定大统之归，实于本朝家法不合"的说法给予了否定，然后令人将这些朝臣奏折与吴可读奏折一起抄写一遍存档，另抄写一份存放在毓庆宫。又称鉴于吴可读有此忠烈之心，"以死建言，孤忠可悯"，按照五品官官职给予抚恤。

"疾风知劲草，板荡识诚臣。"吴可读煞费苦心的"尸谏"行为，只为他换来了一个五品官的抚恤，面对冷漠无情的最高统治者，读懂他的朝臣也只能尽力为他争取最后的荣耀——建祠堂、供牌位。

光绪五年（1879）九月二十七日，直隶总督李鸿章请求在蓟州为已故御史吴可读建立专祠，得到朝廷批准后，由当时担任蓟州牧的刘竹坡负责办理吴可读后事。吴可读的墓地和祠堂建在了马伸桥三义庙东里许。李鸿章还为祠堂撰写了《蓟州景忠祠碑》碑文。其中，碑文中有这样一句话："蓟州士民，醵资蠲地，为君营葬。"

光绪二十年（1894），著名文人刘化风在《读前蓟州牧刘竹坡刺史行述书后》诗中记载有此事：

> 先皇奉安于惠陵，乙卯之年三月中。
>
> 礼成突有吴侍御，仰药殉义州之东。
>
> 为理后事伸遗疏，请立专祠并修墓。
>
> 醵资购守祠墓田，祭飨不为风雨误。

民国《蓟县志》记载："吴可读先生墓在马伸桥东门外，并在附近建有先生祠堂"，当地人称之"景忠祠"。

虽然吴可读自杀案在历史上已经了结，但细查史料记载发现，吴可读自杀案还有可疑之处，那就是他究竟是参加完同治帝、后奉安礼才自杀的，还是根本就未参加奉安礼就已自杀？对此，说法不一。

1.吴可读未参加同治帝、后奉安礼就已自杀。对此，《光绪朝东华录》上有如下记载：

> 吏部奏，为司员派出行礼后，在途服毒自尽，遗有封口密折，据实奏闻。据顺天府咨呈，本年闰三月初九日，据蓟州知州刘枝彦禀称，光绪五年闰三月初六日戌刻，州属马伸桥乡保张利禀报，本街东头三义庙，于三月二十一日有一随差之人住在庙内，至本月初五日夜间服毒身死，请诣验等情。

据此说法，吴可读是于光绪五年（1879）三月二十一日开始留宿于蓟州马伸桥三义庙中，直至闰三月初五日自尽。而同治帝、后奉安典礼主要是在光绪五年（1879）三月二十四、二十五、二十六日进行。由此可见，吴可读并未参加同治帝、后奉安礼。笔者猜测，这段时间内吴可读正在三义庙中为"尸谏"做最后的准备。

2.吴可读参加完同治帝、后奉安礼才自杀的。对此，《清史稿·列传一·后妃》记载：

> 吏部主事吴可读从上陵，自杀，留疏乞降明旨，以将来大统归穆宗嗣子。

《清史稿·列传二百三十二》上也有记载：

> 光绪五年，穆宗奉安惠陵，自请随赴襄礼。还次蓟州，宿废寺，自缢，未绝，仰药死，于怀中得遗疏，则请为穆宗立嗣也。

其实，如果按照常理分析，吴可读应该是自杀于参加完奉安礼之后；但按照不同史料的记载，内容又互相矛盾。因此，对于这个问题的解决，尚需其他史料的发现进一步论证。

第六章

解密惠陵妃园寝

惠陵妃园寝内埋葬着同治帝的四位妃
嫔，其中包括慈禧最喜欢的慧妃。正因如
此，营建之初，慈禧本想改变、提高其规
制，后来由于资金紧张等因素，惠陵妃园寝
还是仿照定陵妃园寝规制而建。

一、高规制的流产

惠陵妃园寝位于惠陵之西的西双山峪。按照定制，选定帝陵陵址时，其妃园寝地点也要一并选择。因此，选定惠陵时，最初惠陵妃园寝福地选在了长梁子，并定山向为癸山丁向兼子午五度。

光绪元年（1875）三月初四日，惠陵妃园寝福地由长梁子改在了惠陵双山峪西侧的西双山峪。对于改变地点的理由，据《惠陵工程记略》记载，醇亲王奕譞是这样上奏皇太后的：

> 臣等前于敬勘惠陵地势时，看得毗连惠陵之西双山峪、长梁子地方于修建妃园寝福地均堪采用，曾经绘入图内粘签呈进，此次恭诣惠陵，复带风水官等详加履勘。据李唐、李振宇众称，西双山峪与惠陵一脉相连，金星山朝拱秀丽，砂环水绕，有情结穴，立癸山丁向兼子午五度，于园寝部位系属上吉之地等语。窃维西双山峪地方，即经风水官相度较与长梁子地势称为上吉，自于修建妃园寝福地相宜。

初步确定惠陵妃园寝规制仿照定陵妃园寝，妃园寝后院的宝顶初步定为三排：前排石券五座，中排砖券六座，后排砖池八座。但这些宝顶分位并没有画在设计图上，而是等皇太后最后拿定主意。

对于惠陵妃园寝福地由长梁子改为西双山峪，皇太后没有任何意见，但是对于妃园寝的规制及分位异常重视，令"所有券座著分为两层。前一层石券一座，加罗圈墙一道；后一层砖券三座，外罗圈墙一道"，并特意令醇亲王奕譞带人到景陵皇贵妃园寝详查规制，但强调"若钱粮过巨，亦可不必"，只需地宫坚实，其他的则不那么重要。这里令笔者不明白的是：营建妃园寝时，同治帝已大行，他的妃嫔只有四位，不会再增加，为什么在最初设计方案中竟设计了十九座宝顶？难道在这四位妃嫔之外还有十五位妃嫔吗？

醇亲王奕譞接到懿旨后，于三月二十六日带领着监督、样式房、算房等人对景陵皇贵妃园寝进行了实地考察和测绘，返回西双山峪福地，又再次详定券座位次和吉地，敬立志桩。

由于这次是新定的券座位次，之前光绪元年（1875）三月十二日所定的穴心即被废弃，新穴心破土只能等八月初三日惠陵、妃园寝同时动工之时再次动工。

由于这次是仿照景陵皇贵妃园寝规制重新规划设计的，惠陵妃园寝后院的中间券座前后需要添建方城、明楼、宝城和罗圈墙，因此后院占地面积就要扩大，券座位置也要再次改变。于是在三月二十八日，醇亲王奕譞决定将外罗圈墙向后（北）拓展一丈五尺，将前排中间石券在原定基点上向前（南）移一丈五尺，后排三座砖券位置向后（北）移，以便前排中间石券增建方城、明楼、宝城，并使得内罗圈墙以内的空间由一丈五尺扩充为三丈。由于地势的关系，后移的砖券区域地势较高，需要铲除一部分泥土，而这部分铲除的泥土又正好用来垫高前部石券区域内的地势。这样不仅能节省一部分经费，还能协调石券与砖券之间的地势平衡关系。这种就地取土添补方法，则是来自营建定陵妃园寝采用过的成功经验。之后，仿照景陵皇贵妃园寝规制绘制有方

城、宝顶、内罗圈墙的惠陵妃园寝规制方案并重新画样以待上报。

　　光绪元年（1875）四月初七日，醇亲王奕譞将惠陵妃园寝新方案及画样上奏皇太后。然而，慈禧对此仍不满意，又令添加东西配殿和石五供。于是，惠陵妃园寝规制方案样图再次修改绘制。

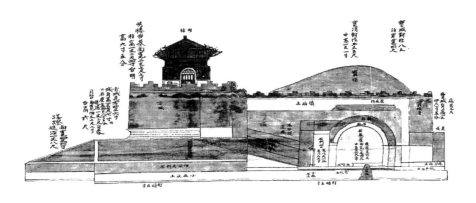

惠陵妃园寝吉地地宫立样（中国国家图书馆藏）

　　光绪元年（1875）五月十一日，醇亲王奕譞将修改的惠陵妃园寝烫样再次呈进皇太后，并请派查估大臣前往西双山峪实地考察。五月十二日，慈禧又令"妃园寝福地方城照惠陵方城用石心"。

　　在慈禧一而再、再而三地添加修改下，惠陵妃园寝规制已经远远超过了清朝鼎盛时期乾隆朝营建的景陵皇贵妃园寝。如果建成的话，就要比标准妃园寝规制多出来东西配殿、方城、明楼、宝城、内罗圈墙、石五供。这些多出来的建筑，就是在国家富裕的时候，也要花很多银子，更不用说在当时国库空虚、国力艰难时期了。多花的银子势必要加重百姓的经济负担。所以，惠陵妃园寝的高规制方案一经确定，就遭到了诸多朝臣的反对和议论。可能当时的国家财政实在力不从心，也可能慈禧觉得建造这样高规格的惠陵妃园寝确实有些过分，总之，这个高规格妃园寝规制方案最终流产，原先打算添建的那些建筑一并撤销，"仍修石券一座、砖券三座，著往前挪修，外罗圈墙并著收小。次日，恭邸传懿旨，东西配殿亦著毋庸修建"。

由于惠陵妃园寝规制方案多次改变，之前设计的规制方案又改为按定陵妃园寝规制设计，因此在七月二十五日，样式房开出了一份应改规制的活计清单。根据这份新改活计清单再次制作工程做法清册，并于七月二十八日上奏皇太后。对此，《惠陵工程记略》有这样一段记载：

> 兹查应修妃园寝工程做法，现饬遵懿旨，均照妃园寝规制，其前经奉旨添设石台、五供、梓罗圈墙，仿照太妃园寝应行添修宝城、方城、明楼、隧道券及配殿等工，即一并撤去。仍照成案修建石券一座，其外罗圈墙现拟收进一丈五尺。前次呈进烫样内粘签声明，于后罗圈墙外开宽山坡之处，即可无须刨挖，用省工作。除饬造具做法清册咨送办理外，谨附片奏闻。

光绪元年（1875）八月初一日，按照新确定的妃园寝规制，因地制宜，重新规划布局妃园寝后院的券座位次，即中间石券未改动，砖券志桩向南移动二丈四尺，后罗圈墙东、北、西三面各收小一丈五尺，后院面宽由三十丈缩小为二十七丈。这样修改后，惠陵妃园寝建筑规制还是按照定陵妃园寝规制，后院券位布局则还是按照以前慈禧钦定位次，前面中间石券一座，后排砖券三座。

惠陵妃园寝规制之所以被改来改去，其原因就是那里将来安葬的是慈禧最宠爱的慧妃（后来的淑慎皇贵妃），慧妃死后被葬在了惠陵妃园寝的前排中间石券地宫。后排的三座券位，则安葬同治帝的另外三个妃嫔。

光绪元年（1875）八月初三日，惠陵妃园寝与惠陵同日动工，还是仿照定陵妃园寝规制营建，光绪四年（1878）十月与惠陵同时竣工并验收通过。至此，惠陵妃园寝的工程终于暂告一段落。

当时间到了宣统三年（1911），革命党人发动了辛亥革命。1912年1月1日，孙中山就任中华民国临时大总统，清皇室迫于国内外的政治压力，经过与民国政府谈判，双方达成协议，隆裕皇太后代表清皇室于宣统三年十二月二十五日（1912年2月12日），宣布大清皇帝退位。根据《关于大清皇帝辞位之后优待之条件》协议第一款、第二款和第四款规定：

第一款　大清皇帝辞位之后，尊号仍存不废。中华民国以待各外国君主之礼相待。

第二款　大清皇帝辞位之后，岁用银四百万两，俟改铸新币后，改为四百万元，此款由中华民国拨用。

第四款　大清皇帝辞位之后，其宗庙、陵寝，永远奉祀，由中华民国酌设卫兵，妥慎保护。

因此，大清皇帝仍保留"皇帝"尊号，民国政府每年拨给大清皇室一笔生活费，并且对大清皇室的宗庙、陵寝永远给予保护。虽然清皇室失去了国家统治权和政治地位，却依旧还能生活在自己的一个特殊圈子里，享受着高于国民的特殊生活和政治待遇，祖上的陵寝也受到法律的保护。

民国九年（1920）四月，逊帝溥仪下令改建惠陵妃园寝，改建工程所需费用由北京西四牌楼的兴隆木厂做了估算，并开列了改修项目及所需工料银两。对此，《溥仪档》有这样的记载：

　　谨将惠陵妃园寝福地原有宝顶砖券三座改修石券，并添建石门、罩门券、门洞券，即前宝顶并琉璃花门、面阔墙、罗圈红墙，各工程估需钱粮数目列后，计开：福地宝顶石券三座，每座拆除下旧料抵价外，估需工料现银洋二万六千二百七十一元，三座共核估现银洋七万八千八百十三元；前宝顶一座，即月台甬路共需工料现银洋四千五百六十元；罗圈红墙即花门内进梁红墙随下更道泊岸共估需工料现银洋八万七千二百九十元四角。

　　谨将惠陵妃园寝宫门、享殿、焚帛炉即面阔、进深墙、更道、泊岸各顶粘修工程估需钱粮数目列后，计开：宫门一座及前小月台，估需工料现银洋五千一百二十二元七角；享殿一座及前月台，估需工料现银洋八千九百四十六元六角；焚帛炉一座，估需工料现银洋四百二十三元二角；宫门两边面阔红墙二道，下随更道、泊岸，估需工料现银洋一千七百八十九元。统共估需工料现银洋一万七千七百三十三元一角。宣统十二年四月兴隆木厂谨具。

对于为什么要改建妃园寝砖券为石券之事，宣统十二年[①]（1920）

十二月初九日的《溥仪档》记载，由于敬懿皇贵妃、庄和皇贵妃、荣惠皇贵妃、端康皇贵妃四人封号改变，其地位也相应升高。为了体现陵寝待遇上的改变，所以将她们的墓地也提高规格，改建惠陵妃园寝的三座砖券地宫，"所有吉地工程均应改修石工，以昭朕尊崇之意"，为此派载泽筹划办理这件事情。

虽然溥仪下令改建惠陵妃园寝三座砖券地宫，但实际上却只改建了最东面的地宫，即庄和皇贵妃地宫被改建成了石券。改建的项目包括大金券、宝床、梓券、门洞券、砖罩门券、月台、宝顶，以及隧道、海墁等。那时，恭肃皇贵妃虽然已死但还没有入葬。

经过实地调查发现，惠陵妃园寝后排三座宝顶中，只有东面的宝顶、月台以及月台前砖海墁均大于其他两座，而另外两座地宫根本没有改建的痕迹。所以，这也是惠陵妃园寝的最后一次改建工程。

由此可见，目前所看到的惠陵妃园寝在历史上是经过了多次设计、改建才形成的。

二、惠陵妃园寝的特点

据档案和实地调查，惠陵妃园寝建筑次序由南往北依次为：三孔平桥一座、一孔平桥一座、下马桩一对（木制，已毁）、一孔拱桥一座、三孔平桥一座、东西厢房各五间、东西班房各三间、大门三间、焚帛炉一座、享殿五间、园寝门三座、后院宝顶两排，第一排正中有宝顶一座，第二排宝顶三座。

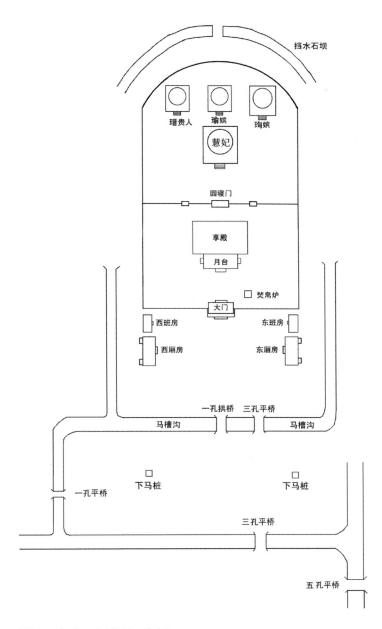

惠陵妃园寝平面图（绘图：徐鑫）

惠陵妃园寝一孔拱桥

惠陵妃园寝大门

惠陵妃园寝享殿内景及三个石座

惠陵妃园寝淑慎皇贵妃（慧妃）宝顶

据《昌瑞山万年统志》记载，惠陵妃园寝享殿内设宝座、供案、五供、香几、反坫、满堂红灯、宝花。暖阁内设神龛、宝床，悬帏幔，陈衾枕，上供神牌，龛旁设宝椅，满堂红灯，无尊藏陈设。

实地调查了解到，惠陵妃园寝享殿内有暖阁三间，暖阁内均有神龛，因为享殿内有三座神龛须弥底座。现在还不清楚四位皇贵妃的神牌怎样安设在三座神龛内。

通过与定陵妃园寝比较，惠陵妃园寝具有如下建筑特点：

1.惠陵妃园寝比定陵妃园寝在一孔拱桥前（南）多建一座三孔平桥，但这石桥与一孔拱桥并不在同一直线上。

2.因为同治帝只有一后四妃嫔，所以惠陵妃园寝只建有四座券位。其中，前排中间的券位为石券，后排其他三券位为砖券，比定陵妃园

惠陵妃园寝挡水石坝

寝少建十一座券位。这是同治帝妃嫔数量远远少于咸丰帝妃嫔数量所致。

3.因为山势关系，惠陵妃园寝后靠山建有挡水石坝一道。而定陵妃园寝原来只有砖砌的挡水墙。

三、四份墓主人档案

惠陵妃园寝共葬有同治帝的四个妃嫔，由于后来这四位妃嫔随着朝代的更替及重大事件或庆典活动的发生，先后都得到了晋封，并最后都达到了妃嫔中最高的位号——皇贵妃，因此，惠陵妃园寝是清陵中葬皇贵妃最多的一座妃园寝。

据调查，惠陵妃园寝前排中间的宝顶下葬的是慧妃即后来的淑慎皇贵妃。后排的三座券位，正中葬瑜嫔即献哲皇贵妃，左侧即东侧葬珣嫔即恭肃皇贵妃，右侧即西侧葬瑨贵人即敦惠皇贵妃。

下面根据档案的记载，简单介绍一下她们的经历。

淑慎皇贵妃，富察氏，镶黄旗满洲人，咸丰九年（1859）十二月初一日生。为原任盛京兵部侍郎恭泰之曾孙女、原任陕甘总督惠吉之孙女、员外郎凤秀之女。同治十一年（1872）二月初三日奉懿旨，员外郎凤秀之女富察氏著封为"慧妃"。三月初五日钦奉慈安、慈禧懿旨，"著于本年九月十四日册封皇后礼成后，即日册封'慧妃'。慧妃乘轿由地安门、神武门、顺贞门进宫"。九月十四日卯时，同治帝派大学士文祥为正使、礼部尚书灵桂为副使，持节赍册印，到富察氏家册封其为"慧妃"。年仅十四岁的慧妃在府内戴朝冠、穿珠宝朝服，接册印，

213

礼成后乘轿进宫，中和乐迎接拈香行礼，至承乾宫拈香行礼，至毓庆宫拈香行礼，至乾清宫拈香行礼，至长春宫中和乐在敷华门迎接行礼毕，至建福宫拈香行礼毕，还燕喜堂，由永喜妈妈四名侍候换戴凤钿，穿龙袍、龙褂、项圈、手巾、朝珠至长春宫。同治十三年（1874）十一月十五日，奉两宫皇太后懿旨，"慧妃著封为皇贵妃"，同年十二月，光绪帝即位，奉两太后懿旨："皇贵妃侍奉大行皇帝夙昭淑慎，著封为敦宜皇贵妃。"光绪二十年（1894）正月初一日，皇太后懿旨封为"敦宜荣庆皇贵妃"。光绪三十年（1904）正月二十八日，敦宜荣庆皇贵妃薨，卒年四十六岁。按例奉移前期，奏请赠谥，"奉旨允准在案，兹据内阁咨称，敦宜荣庆皇贵妃谥号奉朱笔圈出'淑慎'，钦此。并据钦天监咨称选择吉期，宜于四月初一日午时行赠谥礼"。四月初七日奉移金棺，十一日至惠陵妃园寝享殿暂安。光绪三十一年（1905）九月二十一日，奉安惠陵妃园寝第一排的中间宝顶下的地宫。

恭肃皇贵妃，阿鲁特氏，正蓝旗蒙古人，咸丰七年（1857）八月初三日未时生，住安定门板厂胡同，入宫时年龄为十六岁。为原马甲德兴之曾孙女、原任员外郎景辉之孙女、前任副都统赛尚阿之女，实为同治帝阿鲁特皇后之姑。同治十一年（1872）二月初三日奉懿旨："前任副都统赛尚阿之女阿鲁特氏，著封为'珣嫔'。"十月十九日派大学士单茂谦为正使，协办大学士、刑部尚书全庆为副使，持节册封阿鲁特氏为"珣嫔"。同治十三年（1874）十一月十五日，奉两宫皇太后懿旨，"晋珣嫔为珣妃"。光绪二十年（1894）正月初一日，皇太后懿旨封"珣贵妃"。光绪二十一年（1895）五月初六日，册封为"珣贵妃"。光绪

同治帝慧妃常服袍褂的肖像（故宫博物院藏）

三十四年（1908）十月二十五日，尊封为"皇考珣皇贵妃"。清朝灭亡后的民国二年（1913）二月初五日，逊帝溥仪尊封她为"庄和皇贵妃"。民国十年（1921）三月初七日午初一刻五分薨逝，终年六十五岁。敬事房首领太监带领太庙首领太监恭请庄和皇贵妃遗体至吉祥轿内安放毕，由储秀宫出启祥门，进慈祥门至慈宁宫殿内安放。三月初八日入殓。三月十七日钦奉谕旨："恭拟谥曰恭肃皇贵妃。"四月十一日由慈宁宫奉移金棺至妃园寝享殿暂安。同年十二月初七日葬入惠陵妃园寝后排最东面宝顶下的地宫。

献哲皇贵妃，赫舍里氏，正蓝旗满洲人，咸丰六年（1856）六

月初一日未时生，住安定门板厂胡同，入宫时年龄为十七岁。为原任副都统成明之曾孙女、原任巡抚舒兴阿之孙女、知府崇龄之女。同治十一年（1872）二月初三日被封为"瑜嫔"。同年十月十九日，派大学士文祥为正使、礼部尚书万青藜为副使，册封赫舍里氏为"瑜嫔"。同治十三年（1874）十一月十五日，奉两宫皇太后懿旨，"瑜嫔著封为瑜妃"。光绪二十年（1894）正月初一日，因这一年是慈禧六十寿辰，瑜妃晋封为"瑜贵妃"。光绪三十四年（1908）十月二十五日，宣统帝尊封为"皇考瑜皇贵妃"。清覆亡后的民国二年（1913）二月初五日，逊帝溥仪尊封她为"敬懿皇贵妃"。民国十三年（1924）十月二十五日，敬懿皇贵妃、荣惠皇贵妃从紫禁城迁往荣寿固伦公主府第居住。死于民国二十年十二月二十九日（1932年2月5日），享年七十六岁，谥曰："献哲皇贵妃。"民国二十四年（1935）二月十一日，葬惠陵妃园寝后排中间宝顶下的地宫。

敦惠皇贵妃，西林觉罗氏，镶蓝旗满洲人，咸丰六年（1856）八月初八日生，住西单牌楼秤钩胡同，入宫年龄为十七岁。为原任七品官罗定之曾孙女、原任笔帖式吉卿之孙女、主事罗霖之女。同治十一年（1872）二月初三日敬事房传旨："著封为贵人。"同治十三年（1874）十一月十五日，奉两宫皇太后懿旨："贵人西林觉罗氏著封为'瑨嫔'。"光绪二十年（1894）正月初一日，因这年是慈禧六十寿辰，奉慈禧懿旨晋封为"瑨妃"。光绪二十一年（1895）五月初六日，册封为"瑨妃"。光绪三十四年（1908）十月二十五日，宣统帝尊封为"皇考瑨贵妃"。清覆亡后的民国二年（1913）二月初五日，逊帝溥仪尊封她为"荣惠皇贵妃"。民国十三年（1924）十月二十五日，荣惠皇贵妃迁移荣寿固伦公主府第居住。民国二十二年四月二十四日（1933年5月18日）下午七时病逝，卒年七十八岁，尊谥为敦惠皇贵妃。死后，在麒麟碑胡同五号府中砌一砖窖，将她的金棺"丘"于其中，用水泥抹严，如平地一般。至民国二十四年（1935）二月十一日，与献哲皇贵妃棺椁一道用汽车送往东陵，葬入惠陵妃园寝后排最西面宝顶下的地宫。

第七章

陵寝被盗：死后的厄运

同治帝和他的后妃入葬地宫后，在另一个世界并没有得到安宁。当清王朝灭亡后，惠陵妃园寝不幸成为清东陵第一个被盗的陵寝，后来惠陵地宫也被盗掘，并以惠陵地宫被盗现场为最惨。

一、惠陵地宫被盗最惨

本来，陵寝作为死者的墓地，入葬后长眠于地下，不再参与人世间的恩怨是非，生者应不再打扰他们，让他们安静地生活在另一个世界，这是对死者最大的尊重。然而，在这个生者对死者的缅怀场所，往往由于对死者的深切悼念，生者会给死者以贵重物品陪葬，在死者的棺椁内或地下陪葬大量的珍宝。而每当社会动荡时期，地下的珍宝必然会引来盗墓贼的贪婪黑手，以致陵墓地宫被盗，被劈棺抛尸。古往今来，在动荡的年代，古墓的结局大多都是被盗。因此，同治帝的惠陵及其妃园寝也在劫难逃。

同治帝的惠陵，除了隆恩殿里陈设的大量器皿和物品外，在地宫里同样也葬有大量的珍宝。

据清宫档案《宫中杂件·敬事房来文》记载，光绪元年（1875）二月二十日，孝哲毅皇后遗体大殓时棺内放入物品如下：

> 金镶珍珠石凤钿一顶、珊瑚朝珠一盘、金珀朝珠一盘、蓝碧玡■朝珠一盘、金长簪一支、金扁簪一支、金镶红碧玡■抱头莲一支、金小钳子一对、金钳子一对、金龙头钳子一对、红碧玡■手串一盘、珊瑚手串一盘、金镯子一对、金镶珊瑚镯子一对、金戒箍两对、金穿珠镏子两件、绿玉戒指一件、红碧玡■坠子一对、白玉戒指一件、金指甲套两对、绿玉圈一件、白玉圈一件、绿玉镯子一对、白玉镯子一对、金镶珠石镯子一对、金指甲套两对、

金镶珠大钳子三对、金镶珠小钳子一对、白玉钳子一对、金花囊一件、珊瑚镏子一件、绿玉戒指一件、金镏子两件、金镶红碧玡■戒指一件、正珠戒箍一对、正珠手串一盘、绿玉手串一盘、蓝碧玡■手串一盘、珊瑚手串一盘、迦楠香手串一盘、迦楠香四喜手串一盘、茶香念珠一盘、紫金锭手串一盘。

耦合江绵氅衣两件、耦合江绣花卉绵衬衣两件、桃红江绵氅一件、绿二则八丝缎绵衬衣一件、大红绉衬衣一件、桃红江绵衬衣一件，大红、桃红、果绿、葱绿、耦合绵半宽袖各一件，蓝洋绉绵马褂一件、月白闪缎夹马褂一件、桃红缎夹马褂一件、耦合缎夹马褂两件、月白圆银缎夹马褂一件、绿绉绸夹紧身一件、蓝绉绸夹紧身一件、桃红缎夹紧身一件、浅绿缎夹紧身一件、绿绉一件，荷包一对。

佳贵妃放入黄缎荷包一个，彤贵妃放入红缎纸掖一个，成贵妃放黄缎荷包一个，恒嫔放挂镜一件、青玉坠一件，豫嫔放青玉珮一件。

丽皇贵妃、婉贵妃、祺贵妃、玫贵妃、璷妃、吉妃、禧妃、庆妃各放入小荷包一个。

瑜妃放小荷包一个内盛八宝四件、白玉坠一件；珣妃放小荷包一个，内盛八宝四件、白玉珮一件；瑨嫔放小荷包一个，内盛八宝四件、硝石坠一件。

道光帝的皇九女寿庄和硕公主放青玉珮一件，咸丰帝的养女荣寿固伦公主放白玉珮一件。

恭亲王福晋、醇亲王福晋、端敏郡王福晋、孚敬郡王福晋、惠郡王福晋各放白玉嗙一件，惇亲王福晋放小荷包一对、汉玉珮一件。

奕谟夫人、载澂夫人、奕询夫人各放白玉珮一件，载濂夫人放小荷包一对、白玉嗙一件，载治夫人放小荷包一个、白玉坠一件。

五岁的光绪帝放白玉烟壶一件、白汉玉葫芦珮一件、青玉瓜式珮一件、白玉完器两件。

至于同治帝棺内放了多少陪葬物，目前尚未看到清单，因为他是皇帝，肯定比皇后陪葬得多而不可能少。

惠陵的被盗是在大清国灭亡之后。惠陵遭到破坏的最早记载是1928年7月孙殿英盗掘慈禧陵和裕陵地宫之后的9月。

据清皇室善后人员调查时发现，当时的惠陵已经残破不堪。

> 小碑亭天花板全失；神厨库屋宇全毁，仅存围墙；东西朝房门窗、槛框全失，间有坍塌，仅存竖柱之处，东朝房竖柱并有砍坏情形；东西班房拆毁无存；隆恩殿前陈列铜炉、鹿、鹤全失；隆恩门门扇、槛框、天花板全失；隆恩殿隔扇、槛框、窗棂全失，地面金砖及后檐砖均挖损；神龛佛楼全失；东西配殿隔扇、槛框全失；琉璃门槛框全失；宝城明楼门扇、隔扇、槛框全失，城上地面砖石全被翻起，情形较重。

惠陵地宫的被盗时间是1945年11月19日，之后至1949年2月间，又多次被盗。

1946年5月29日，《华北日报》刊登了一篇惠陵盗犯的供词：

（民国）三十四年（1945）十一月间，奉司令部命征集民夫挖掘惠陵。用炸药把石门炸开，第一层有四个架子，分列两旁，一边系皇帝翠印一颗、皇后翠印一颗，一边书籍印刷品之类。第二、三层没有东西。第四层有棺两个，用斧锤等将棺劈开，棺内取出半斤重金墨匣一方，重四两金八卦一个，美国赠品四边镶白珠可走半年之金表一个，朝珠白绦各两串，二十四颗的白珠子两串，翠扳指一个，金火盆一个，翠烟袋一支。由皇后棺内取出凤冠一顶，白玉镯、金镯各一对，翡翠、珍珠、玛瑙及木质朝珠各一串，重三两金九连环一件，凤凰簪子一件，玛瑙扳指、金镶白珠戒指、翠牌各一个，长翠簪一个。其他零星物品无法统计。

又据民国三十五年（1946）四月二十二日的《世界日报》报道：

（民国）三十四年十二月清三陵被盗。一同治惠陵棺两口，一同治，一陪妃，尸体俱面目如生。金棺前供桌上同治翠印一，金表一。棺内外珠宝、玉翠、金属等品，用麻袋装出，再用香炉量分，金子二十余斤。

据惠陵附近村民讲，地宫中的同治帝遗体只剩下一些遗骨，而当时孝哲毅皇后的遗体并未腐烂，只是被盗匪扒光了衣服，肚子被剖开，肠子流了一地，因民间传说孝哲毅皇后是吞金而死，故遭此劫难。对此，1946年负责东陵地区社会治安的蓟县公安局局长云光先生有这样一段回忆：

当时景陵、惠陵均已被盗。先去景陵，发现洞口里有水和乱条石，就没下去。又去惠陵地宫，手持着火把。一道钻进地宫的有唐建中、李和民、赵蔚等。地宫过道里空荡荡的，几道石门前一无所有。进到最里面，看到两具棺椁。同治皇帝居右，只剩一把骨头了，也没有什么衣物。皇后居左边。皇后尸体没烂，有长发，衣服被扒光，俯身躺在棺内。棺前还有一些黄色的丝织碎片。我们出来时，让当地民兵、干部将洞口堵上。时过两三天，又有民兵、干部来报，说娘娘（皇后）从棺中被拉出来，腹部也被剖开了，从肠子里把金子取走了，传说皇后生前是吞金死的。

1996年，曾任河北省文化局干部的李正先生回忆他在1952年探查景陵和惠陵地宫情景时说：

第一个看的是惠陵地宫。我们下去了好几位，有罗哲文、祁英涛、董增凯和我，还有遵化县公安局的一个局长和东陵的巩所长。我们是从陵正面的盗口钻进去的，腰里系着绳子。我们是一个个被系下去的。惠陵地宫，中间是皇帝的棺椁。棺的正面被打了一个洞，可钻进人。棺像是砂泥做的，不像是木质的，空棺，没有椁。左右是后妃的，共是三个棺椁。尸骨在棺外，已干了，头发还有。在第四道石门后边发现两堆尸骨，不知是盗墓者死在了里边，还是当年被封在地宫里的人。惠陵地宫内无水，是干的。门都是半掩的。

223

在这里，值得注意的有两点：

1.惠陵地宫内只葬两人，应该只有两口棺椁。至于报道中所说的三口棺椁，据推测可能是盗匪开棺时，将同治帝的外椁与内棺分开而放一侧。而孝哲毅皇后的内棺和外椁没有被分开，以至于不熟悉棺椁构造的人误以为地宫有三口棺椁。

2.报道中称同治帝、后的印是玉翠的。而根据清朝典章制度，葬入地宫的香册、香宝都是檀香木质，而非玉翠。因此，不知道是报道有误，还是此时典制有改变，这都需要进一步考证。

惠陵为什么会在1945年9月以后被盗呢？

原来，1928年7月，东陵发生了震惊世人的慈禧陵和裕陵地宫被盗案后，北京的皇族宗室派宝铭为东陵守护大臣，在马兰峪横街子原东府内设立东陵办事处，郎中苏尔发图为办事处正处长，下设护陵队，队部设在裕陵西朝房，在各陵分别驻守护陵警察，办公经费包干制。当时的国民政府也派军队加强了对东陵各陵寝的保护。后来，办事处搬到裕大（圈）村姚壁臣家办公。1933年，侵占了东三省的日本以替溥仪保护东陵为名，派日本宪兵和"满洲国"警察驻进东陵，并在东陵东面的马兰峪设置日本领事馆、日本宪兵队、军用机场、东陵地区管理处等机构。后来，日本人的东陵地区管理处挤对整垮兼并了东陵办事处。

1945年8月15日，日本投降后撤出东陵地区。在行政地区划分上，东陵地区算当时的蓟（蓟县）遵（遵化县）兴（兴隆县）联合县，东陵各陵寝的管理保护就落在了当地的各村。由于没有统一机构的管理，实际上东陵地区的保护基本处于真空状态。于是，少数土匪煽动落后群众，趁机盗挖了东陵各陵寝地宫。

后来，八路军冀东第十五军分区及第三专署（政府）发现东陵被盗，派人破案并加强保护。抓住首犯六名，他们是赵连江、李树音、刘思、贾振国、继新、穆树先，并在景陵圣德神功碑亭前正法；通缉犯七名，他们是王绍义、王茂、杨芝草、关增会、张尽忠、李金、石龙，其他人犯则被赦免。

后来，通缉犯王绍义被抓，经过法院审判，处以死刑。

通缉犯张尽忠于1946年被抓捕关押在唐山警察局，1948年病死于北平地方法院看守所。

1948年2月，惠陵地宫盗口被再次打开，地宫金井也被盗。在金井内有金锭两个，重二两；金扣子四个，重三分；碧玺球一个；白玉扁方两个；翠蜻蜓一个，大小珠子不计其数。

虽然盗陵主犯得到了应有的下场，但是皇陵由此受到的损坏却是无法弥补的。

二、妃园寝最早被盗

惠陵妃园寝是清东陵最早被盗的皇陵，被盗时间是在1928年7月孙殿英盗掘慈禧陵和裕陵之前的农历二月初八日（1928年2月28日）夜里。

第一个被盗的是淑慎皇贵妃地宫，随葬品被盗一空。惠妃园寝值班的兵丁发现后，立即报告给了马兰峪的东陵守护大臣毓彭，毓彭又将此事通知给马兰镇总兵署。代理马兰镇总兵的科长薛文林闻知此事后，马上带着翼长恩华、印务章京成林等赶赴惠妃园寝，进入淑慎皇贵妃地宫查看，发现正面石门被盗匪打开，地宫的棺椁已被锯坏，所有随葬品被盗掘一空。东陵守护大臣毓彭随即将被盗情形上报溥仪，并请求处分。

后来，东陵承办事务衙门为淑慎皇贵妃重新举行了葬礼。在园寝内搭起了大罩棚，准备了大杠，将淑慎皇贵妃遗体重新殓入棺内。四月初二日在神牌前举行了告祭礼，初三日寅时（早三时至五时）遵照原式将棺椁葬入地宫，掩闭石门，填砌隧道。

四月初八日，毓彭将重殓、安葬情况向溥仪作了汇报。

盗匪究竟盗走了多少宝物，无从考证。但从淑慎皇贵妃的随葬品清单里却能知道可能都盗走了些什么物品：

　　蚌珠火焰一件、绿玉碧玖小福寿钳子一对、银镀金九连环一支、银包金小扁方一支、茄珠一颗、银单板表一件、珊瑚朝珠一盘、镀金点翠穿米珠四合如意钳子一副、绳纹龙头金镯子一副、绿玉扁镏子一件、镀金三镶米珠石马镫镏子一件、白檀镏子一件、金指甲套一副、镀金点翠穿米珠珊瑚蝴蝶绿玉肚长簪一支、白玉葫芦别子一件、铜镀金三镶玉小如意一柄、玉别七件。

下面，按照时间顺序将惠陵妃园寝的其他三座地宫被盗情况简单介绍一下。

1928年7月，孙殿英盗陵案发生后，据当年9月的调查，惠陵妃园寝也遭到了严重的人为破坏。其中，东西朝房、东西班房全毁；宫门门扇、槛框全失；享殿神龛门窗、槛框全失；琉璃门槛框全失。

1949年农历正月，惠陵妃园寝最西面的荣惠皇贵妃地宫被盗。据称，被盗走的珠宝为：碎珠子一大把、翠朝珠一个、翠葫芦一个、烧料葫芦一个、铜表一块、碧玺桃一个、怀表两个、香炉一个、银锭数个。

1949年农历三月，惠陵妃园寝的献哲皇贵妃地宫被盗。被盗陪葬品有：翠扳指一个、白水晶烟壶一个、翠珠四个、珠子和碧玺球半茶盅（粉红碧玺球有半个茶壶大小）、水晶小罐四个（里面装有人参）、金如意一个（上面雕刻有"道德"二字）、怀表一块、金壳表一块、木球十余个、七兰香球一挂、香炉两个、琉璃瓶一个（装有人牙）。

1949年12月，惠陵妃园寝东面的恭肃皇贵妃地宫被盗。据称，被盗走的珍宝有：翠镯子两副、金镯子一只、金九连环一个、金如意两个（三百一十二点五克）、金凤冠一个（重九两）、翠牌子十一块、玉牌子十余块、碧玺朝珠一串、青金石朝珠一串、金镶宝石戒指一个、翠戒指十个、翠烟荷包坠石链一串、翠珠一串、红宝石一块、紫宝石一块、大珠子一颗、玉滚子一个。

至此，惠陵妃园寝的四座地宫均被盗过，陪葬品均已丢失。

附录

附录 1

同治帝遗诏

朕蒙皇考文宗显皇帝覆载隆恩，付畀神器。冲龄践阼，寅绍丕基，临御以来，仰蒙两宫皇太后垂帘听政，宵旰忧劳。嗣奉懿旨，命朕亲裁大政。仰维列圣家法，一以敬天法祖勤政爱民为本，自维薄德，敢不朝乾夕惕，惟日孜孜，十余年来，禀承慈训，勤求上理。虽幸官军所至，粤捻各逆，次第削平。滇黔关陇苗匪回匪，分别剿抚，俱臻安靖。而兵燹之余，吾民疮痍未复，每一念及，寤寐难安。各直省遇有水旱偏灾，凡疆臣请蠲请赈，无不立沛恩，施深宫兢惕之怀，当为中外臣民所共见。朕体气素强，本年十一月适出天花，加意调摄，乃迩日以来，元气日亏，以致弥留不起，岂非天乎，顾念统绪至重，亟宜传付得人。兹钦奉两宫皇太后懿旨，醇亲王奕譞之子载湉著承继文宗显皇帝为子，入承大统，为嗣皇帝。特谕。嗣皇帝仁孝聪明，必能钦承付托，天生民而立之君，使司牧之，惟日矢忧勤惕励，于以知人安民，永保我丕丕基。并孝养两宫皇太后，仰慰慈怀。兼愿中外文武臣僚，共矢公忠，各勤厥职，用辅嗣皇帝郅隆之治，则朕怀藉慰矣。丧服仍依旧制二十七日而除，布告天下，咸使闻知。

——选自《穆宗毅皇帝实录》

附录 2

同治帝后妃表

顺序	封号	姓氏	民族	谥号	出生日期	入宫时间
1	嘉顺皇后	阿鲁特氏	正蓝旗蒙古	孝哲嘉顺淑慎贤明恭端宪天彰圣毅皇后	咸丰四年（1854）七月初一日	同治十一年（1872）九月十五日
2	敦宜荣庆皇贵妃	富察氏	镶黄旗满洲	淑慎皇贵妃	咸丰九年（1859）十二月初一日	同治十一年（1872）九月十四日
3	庄和皇贵妃	阿鲁特氏	正蓝旗蒙古	恭肃皇贵妃	咸丰七年（1857）八月初三日未时	同治十一年（1872）九月十四日
4	敬懿皇贵妃	赫舍里氏	正蓝旗满洲	献哲皇贵妃	咸丰六年（1856）六月初一日未时	同治十一年（1872）九月十四日
5	荣惠皇贵妃	西林觉罗氏	镶蓝旗满洲	敦惠皇贵妃	咸丰六年（1856）八月初八日	同治十一年（1872）九月十四日

册封时间	死亡日期	享年	子女	葬地	入葬日期	备考
光绪元年（1875）五月十二日	光绪元年（1875）二月二十日寅时	22		河北遵化清东陵惠陵	光绪五年（1879）三月二十六日	传闻自杀
光绪三十年（1904）四月初一日	光绪三十年（1904）正月二十八日	46		河北遵化清东陵惠陵妃园寝	光绪三十一年（1905）九月二十一日	即慧妃
民国十年（1921）三月十七日	民国十年（1921）三月初七日	65		河北遵化清东陵惠陵妃园寝	民国十年（1921）十二月初七日	皇后的姑姑，当时封为珣嫔
民国二年（1913）二月初五日，逊帝溥仪尊封为"敬懿皇贵妃"	民国二十年十二月二十九日（1932年2月5日）	76		河北遵化清东陵惠陵妃园寝	民国二十四年（1935）二月十一日	即瑜嫔
民国二年（1913）二月初五日，逊帝溥仪尊封为"荣惠皇贵妃"	民国二十二年（1933）四月二十四日	78		河北遵化清东陵惠陵妃园寝	民国二十四年（1935）二月十一日	即瑨贵人

制表：徐鑫

参考书目

［1］清实录［M］.北京：中华书局，1985.

［2］唐邦治.清皇室四谱［M］.上海：上海聚珍仿宋印书局，1923.

［3］赵尔巽，等.清史稿［M］.北京：中华书局，1977.

［4］沈云龙.光绪会典［M］.台北：文海出版社，1967.

［5］翁同龢.翁同龢日记［M］.北京：中华书局，1993.

［6］陈可冀.清宫医案集成［M］.北京：科学出版社，2009.

［7］中国第一历史档案馆.光绪朝上谕档［M］.桂林：广西师范大学出版社，1996.

［8］故宫博物院明清档案部.清代档案史料丛编：第一辑［M］.北京：中华书局，1978.

［9］朱寿朋.光绪朝东华录［M］.北京：中华书局，1958.

［10］汪叔子.文廷式集：下册［M］.北京：中华书局，1993.

［11］恽毓鼎.崇陵传信录［M］.北京：中华书局，2007.

［12］阎崇年.清朝皇帝列传（增订图文本）［M］.北京：紫禁城出版社，2007.

［13］徐广源.解密最后的皇陵［M］.北京：中国国际广播出版社，2011.

［14］徐广源.清皇陵地宫亲探记（图文本）［M］.北京：紫禁城出版社，2007.

[15] 吴相湘.晚清宫廷实纪 [M].北京：中国大百科全书出版社，2010.

[16] 李秉新，石玉新，武永召.清宫八大疑案 [M].石家庄：河北人民出版社，1988.

[17] 信修明，等.太监谈往录 [M].北京：紫禁城出版社，2010.

[18] 李秉新，徐俊元，石玉新，校勘.清朝野史大观 [M].石家庄：河北人民出版社，1997.

[19] 政协天津市蓟县委员会.古蓟州 [M].天津：天津古籍出版社，2006.

[20] 汪江华.清代惠陵建筑工程全案研究 [D].天津：天津大学，2005.

[21] 清代宫史研究会.清代宫史丛谈 [M].北京：紫禁城出版社，1996.

[22] 金承艺.清朝帝位之争史事考 [M].北京：中华书局，2010.

[23] 俞炳坤，等.西太后 [M].北京：紫禁城出版社，1985.

[24] 王其亨，等.风水理论研究：第2版 [M].天津：天津大学出版社，2005.

[25] 徐立亭.咸丰　同治帝 [M].长春：吉林文史出版社，1993.

[26] 宝成关.奕䜣慈禧政争记 [M].长春：吉林文史出版社，1980.

[27] 徐鑫.雾开慈禧陵：慈禧陵地下宫殿清理之谜 [M].北京：金城出版社，2008.

[28] 章乃炜，王蔼人.清宫述闻：初、续编合编本 [M].北京：

紫禁城出版社，1990.

[29] 于善浦.清东陵大观 [M].石家庄：河北人民出版社，2000.

[30] 濮兰德，白克好司.慈禧外纪 [M].陈泠汰，译.北京：紫禁城出版社，2010.

后记

"对酒当歌，人生几何。"多年以前常听到这句话，却不明其意。如今，每当想起这句话，我心中却有了诸多体会，感触颇深。帝王贵胄，布衣黔首，或轰轰烈烈，或平平淡淡，最终的归宿都是一抔黄土。所以，人生很短，好好珍惜。

2014年春节，我又是在工作中度过的。当别人与家人团聚、享受天伦之乐的时候，我静静地坐在电脑前查阅档案、写作稿子；当别人已经安然入睡的时候，躺下的我脑海里还在回想着写作中的点点滴滴，心潮起伏，久久不能入梦。就是在这样紧张忙碌的日子里，时间过去10个月，本书终于基本完稿，其间所经历的艰辛和汗水，个中百味，只有自己才知道。回想起来，不禁潸然泪下。

同治帝的惠陵在马兰峪镇的南面两里之处。小时候我去南新城姥姥家，常常从惠陵旁边路过，记忆里烙下了惠陵的影子；上中学的时候，学校距离惠陵就更近了一步，我常常在放学途中凝视少年天子的这座安身之所；参加工作后，我多次到惠陵检查消防及安全保卫工作。因此，我对惠陵的印象极深。那时我就常想，什么时候能有时间把关于惠陵的档案和资料进行一次大汇编，以使清陵爱好者和清史研究者对它有比较全面的了解和认识，借此推进历史研究和陵寝保护工作。

傀儡天子
同治帝陵卷

时间久了，这种想法迟迟没有实现，竟然成为心中一个无法解开的小疙瘩。而当这本关于惠陵的小册子终于完稿的时候，我却难以释怀：年纪轻轻的同治帝集大幸、不幸于一身，生前童年即位，却母子失和、英年早逝；身后虽然葬在了东陵，与父母相伴，却依旧死不瞑目、不得安息。他死后，他的皇后紧随他而去，他的皇陵是东陵中最简朴的，而且后来也被盗了。

有人提到这样的问题：同治帝死后，假如皇后阿鲁特氏不是紧随夫君而去，那么惠陵地宫葬入同治帝后，石门会不会永久关闭？如果关闭，会不会为皇后阿鲁特氏单独建陵？如果不关闭，那么难道让同治帝在地宫里等待皇后阿鲁特氏？这个问题看起来很简单，其实涉及中国传统伦理，那就是帝王生前后宫不可能是空缺的，身后也是如此。

站在惠陵的土地上，回望历史那模糊的背影，故事的结尾只有一个，世人所了解到的，大多是自己所看到的历史——陵寝，而恰恰很多的历史真相就隐藏在这里，等待我们去揭开、去还原。这些激发着我的热情，也是我坚定信心写这部稿子的真正原因。

小人物，大历史。每个人都是时代的见证者、历史的记录者，也都是历史的一分子。只不过，每个人在历史上重要与否，和其政治地位或当时人们的看法有直接的关系。作为一名历史爱好者，亿万人中的一粒小尘土，我愿意将自己对历史的观察和思考记录下来，就这么简单。因为有时想到一个好问题，远比得到一堆答案重要得多。而在世上所有的制约中，对人最大的制约是思维的制约。

最后，本书的完成，我要真诚感谢那些帮助和支持我的专家、学者，他们为我或提供资料和图片，或解疑辨字，或常年鼓励和支持，如我的父亲徐广源先生、天津大学教授王其亨先生、天津大学博士王江华先生、北京的岳南先生、四川的代奎老师、唐山的李宏杰先生、天津的李昊先生等，以及来自全国各地的众多朋友、爱好者以及热心的读者，真心希望你们能对本书提出宝贵意见和中肯的批评。

思正书屋　一粒小尘土

2014 年 4 月